W0228324

Haffmans' Helfende Hand-Bibliothek

ROMAN-ENDEN

Rund 500 letzte Sätze

Handverlesen und abgepackt
von
Harald Beck

HAFFMANS VERLAG

Kein Nachweis,
wohl aber eine kleine Nachbemerkung
und ein Autoren-Register am Schluß
des Bandes.
Einbandzeichnung von
Volker Kriegel.

Alle Rechte vorbehalten
Copyright © 1993 by
Haffmans Verlag AG Zürich
Satz: Schauenburg Graphische Betriebe GmbH
Herstellung:
Offizin Andersen Nexö, Leipzig
ISBN 3 251 00218 X

Schlüssiges zum Romanende

Ein Ende ist, was selbst natürlicherweise auf etwas anderes folgt, und zwar notwendigerweise oder in der Regel, während nach ihm nichts anderes mehr eintritt.
Aristoteles

Eine Geschichte muß ihre Form haben, sie muß auf etwas hinauslaufen, – auf den Tod der Hauptperson oder ihre Erlösung oder auf ihre endgültige Verzweiflung. Auch Wahnsinn als letztes Kapitel ist bei Dichtern beliebt; denn da weiß man doch wenigstens, was man in der Hand hat, – daß die Sache zu Ende ist, die Erzählung nicht weitergeht. Punkt, fertig!
Max Brod

Wie dem Leser vielleicht noch erinnerlich ist, habe ich einen würdigen Anfang gefunden. Aber die Schlüsse sind mir in meiner ganzen literarischen Entwicklung immer peinlich schwergefallen.
Anthony Burgess

This is not the end. It is not even the beginning of the end. But it is, perhaps, the end of the beginning.
Winston Churchill

*Sterben, sobald man stirbt, ist leichter, als rechtzei-
tig einen Schluß zu finden. Und außerdem ist selten,
wenn das Sterbeglöckchen der letzten Seitenzahl
bimmelt, alles aus.*   Ulrich Holbein

O bitter ending!   James Joyce

Ein *Anfang* und ein *Ende pro Buch waren etwas,
das mir nicht behagte.*   Flann O'Brien

*Il y a trente-six mille raisons d'abandonner un
roman avant la fin.*   Daniel Pennac

*Ich staune immer, wenn ich irgend etwas zu Ende
bringe. Ich staune und bin deprimiert.*
          Fernando Pessoa

*Ein Buch darf nicht enden, wie eine Uhr abläuft,
die man vergessen hat aufzuziehen und die nun in
irgendeiner Minute stehenbleibt. Das Ende darf
nicht verplätschern, es muß einen deutlichen Schluß-
punkt bringen.*   Ludwig Reiners

Außerdem bin ich am Ende. Ich könnte von vorn anfangen, und das wäre besser, aber niemand würde es merken.
Es ist besser ein Ende zu machen. Jules Renard

There is nothing like death to say what is always such an artificial thing to say: »The end.«
Kurt Vonnegut

Doch unabwendbar muß der Mensch am Ende seines Lebens oder am Ende seines Romans aus der Sphäre der Dauer in den Bereich der offiziellen Zeit, aus der Unverantwortlichkeit simultaner Wahrnehmung auf den ethischen Schauplatz der Zeit zurückkehren. Theodore Ziolkowski

INHALT

Lieber Leser 11
Grüße 13
Déjà-lu 15
Aposiopese 21
Vielleicht 24
Ja 28
Kurz und bündig 29
Polyglottes 31
Weinen 33
Krieg 35
Lächeln 37
Friede 39
Leben 41
Sterben 46
Liebe 48
Hochzeit 50
Mutterglück 52
Glück 54
Ich 56
Und 58
Dann 61
Doch und Aber 63
Fragen 65
Ausrufe 67

Einsichten 69

Stille 73

Worte 75

Abend/Nacht 78

Bett, Schlaf und Träume 81

Himmel 84

Regen 86

Meer 88

Schiffe 92

Inseln 93

Vielversprechendes 95

Berufe 97

Visionen 100

Metaphorisches 102

Gereimtes 106

Städte 108

Vaterländer 112

Zukünftiges 114

Tiere 120

Türen 122

Rätsel 124

Gute Ideen 126

Hände 128

Reste 131

Ende 137

Nachbemerkung 141

Autoren 143

LIEBER LESER

Nimm meinen Dank auf den Weg, Leser, daß
du mir bis hierher gefolgt bist, und meinen
Wunsch und meine Hoffnung, daß wir uns in
einem neuen Leben wieder begegnen, bereit,
uns zu helfen, so gut wir vermögen und
soweit es in unsern schwachen Kräften steht:
du mir und ich dir.   Klabund, *Bracke*

Merke dir das, lieber Leser!

Jeremias Gotthelf, *Uli der Knecht*

Man nimmt so zarten Erinnerungen ihren
Schmelz, wenn man sie bis ins kleinste erzählt.

Stendhal, *Das Leben des Henry Brulard*

Die Haupt-Lehre aber, die man aus diesem
Werklein ziehn mag, sey die: daß, wenn ein
Autor nur Leute findet, die ein solches Buch
verlegen und lesen wollen, er leicht mit der
Beschreibung einer dreytägigen Reise sech-
zehn gedruckte Bogen anfüllen könne.

Adolph Freiherr von Knigge, *Das Zauberschloß*

So flog die Faya weg, und was der Plimplamplasko ein Narr, so blieb ers all sein Lebtag;
nur daß er müßt arbeiten, wöllt er essen; und
so hab ich geschrieben aus Erfahrung an
solchen Narren diese *Historiam* zum Nuz der
Menschen und zur Beßrung der Narren, das
aber nit wird viel helfen, an dem der's ist.

Friedrich Maximilian Klinger, Plimplamplasko der hohe Geist

Die Geschichte Marguerites ist eine Ausnahme, ich wiederhole es; aber wenn sie eine
Alltäglichkeit gewesen wäre, hätte es sich
nicht der Mühe verlohnt, sie zu schreiben.

Alexandre Dumas (Sohn), Die Kameliendame

Hoffen wir, lieber Leser!

Eugenie Marlitt, Das Geheimnis der alten Mamsell

Und damit ist auch mein Nachbericht erledigt
und abgeschlossen.   Eckhard Henscheid, *Die Vollidioten*

Meine sehr verehrten Damen und Herren, ich
empfehle mich Ihrem Wohlwollen und lege
die Feder endgültig nieder.

Wilkie Collins, Der Monddiamant

GRÜSSE

– Seid gegrüßt.   Viktor Jerofejew, *Die Moskauer Schönheit*

Grüße meine Schwester und Eduard.

Ludwig Tieck, *William Lovell*

Nun denn adieu, Institut Benjamenta.

Robert Walser, *Jakob von Gunten*

Er grüßte es [das Haus] in Gedanken; dann
gingen sie weiter.   Robert Walser, *Der Gehülfe*

Adieu!   Flann O'Brien, *In Schwimmen-Zwei-Vögel*

Adiosito!   B. Traven, *Die Brücke im Dschungel*

Lebe wohl!

Miguel de Cervantes Saavedra, *Don Quixote von la Mancha*

»Leb wohl«, sagte Jean. Thyde Monnier, *Die kurze Straße*

»John Thomas sagt Lady Jane gute Nacht, ein
wenig freudlos zwar, aber mit hoffnungsvol-
lem Herzen.«   D. H. Lawrence, *Lady Chatterley*

»Gute Nacht«, murmelte sie ihm zu.

Virginia Woolf, *Tag und Nacht*

»Gute Nacht, lieber Edgardo.«

Giorgio Bassani, *Der Reiher*

»Gute Nacht.« Iris Murdoch, *Ein Mann unter vielen*

Gute, gute Nacht! Hans Fallada, *Wolf unter Wölfen*

DÉJÀ-LU
(Titel- und Anfangsecho)

»Ich beende grad *Wenn ein Reisender in einer Winternacht* von Italo Calvino.«

Italo Calvino, Wenn ein Reisender in einer Winternacht

Eine Schlammschicht bedeckte noch die Erde, aber hier und da blühten schon kleine blaue Blumen auf.

Raymond Queneau, Die blauen Blumen

Und dies, meine Lolita, ist die einzige Unsterblichkeit, an der wir gemeinsam teilhaben dürfen, du und ich, meine Lolita.

Vladimir Nabokov, Lolita

Und so endigt die schöne Geschichte und Gotteserfindung von *Joseph und seinen Brüdern*.

Thomas Mann, Joseph und seine Brüder

Und der Knabe mit den dreizehn Vätern hatte glücklich Eltern gefunden.

Alexander Roda Roda, Der Knabe mit den 13 Vätern

Vergessen Sie aber nie, daß die höchste Menschenweisheit in den beiden Worten beschlossen ist: warten und hoffen!

Ihr Freund
Edmond Dantès,
Graf von Monte Christo

Alexandre Dumas, *Der Graf von Monte Christo*

Sie wissen genau, was das ist, was Sie sich da vorgestellt haben, was Sie zu hören glaubten: So was sagen die Dummköpfe.

Nathalie Sarraute, *»sagen die Dummköpfe«*

Sie haben keine Farben für den Sonnenblick des Glückes über der Stirn des »Heideprinzeßchens«.

Eugenie Marlitt, *Das Heideprinzeßchen*

Seine Identität mit Dorian Gray konnte nur anhand der Ringe, die dieser zu tragen pflegte, festgestellt werden.

Oscar Wilde, *Das Bildnis des Dorian Gray*

»Laß die Mutter, sie hat ihren Frieden, und uns soll sie nichts mehr tun, deine böse Frau Sorge.«

Hermann Sudermann, *Frau Sorge*

– Amen! Das sei das Ende der Chronik der Sperlingsgasse.

Wilhelm Raabe, *Die Chronik der Sperlingsgasse*

So düster ist sie, und erleuchtet nur von einem immer glühenden Lichtpunkt, der düsterer ist als ihr Schatten:
»Auf schwarzem Feld, der Buchstabe A, rot.«

Nathaniel Hawthorne, *Der scharlachrote Buchstabe*

Dem weisen Onkel Venner aber kam es vor, da er aus der halbzerfallenen Vorhalle heraustrat, als höre er Musik erklingen, und da dachte er sich aus, die holde Alice Pyncheon habe – nachdem sie all dies Geschehen, das vergangene Leid und das jetzige Glück ihrer sterblichen Verwandten, mitangesehen – ihrem Spinett den letzten Jubelakkord eines seligen Geistes entlockt, um dann himmelwärts zu schweben, hinweg, empor vom Hause mit den sieben Giebeln.

Nathaniel Hawthorne, *Das Haus der sieben Giebel*

Aber noch heute erzählen die dortigen Bauern dem Fremdling Geschichten von dem Wagemut, den teuflischen Taten, der Schlechtigkeit und dem Sturz Barry Lyndons.

William Makepeace Thackeray, *Barry Lyndon*

»Darauf kannst du wetten«, entgegnete er und fügte seinen Lieblingsausdruck hinzu: »Hundert Prozent!«   Upton Sinclair, *Hundert Prozent*

Und deshalb waren alle, ohne Ausnahme, Comandantes.

Manuel Pereira, *Comandante Veneno*

Denkt an eure Freiheit, jedesmal, wenn ihr an Onkel Toms Hütte vorbeikommt, und laßt sie zum Denkmal werden, damit ihr in seine Fußstapfen tretet und so ehrlich und treu seid und ebenso christlich, wie er es war.

Harriet Beecher Stowe, *Onkel Toms Hütte*

Ich besitz nichts als wie gesagt – mein Name ist Tubutsch, Karl Tubutsch.

Albert Ehrenstein, *Tubutsch*

jedoch weil es solchem göttlichen menschenbilde zu nichts, als zu einem unsterblichen namen, gereichen soll; so wird ein ruhm- und tugendliebendes Frauenzimmer in allem vermerken, und mit mir zu allen zeiten erheben das rühmliche gedächtnis der übermenschlichen Adriatischen ROSEMUND.

Philipp von Zesen, *Die Adriatische Rosemund*

Stiller blieb in Glion und lebte allein.

Max Frisch, *Stiller*

Die Sonne gieng eben prächtig auf.

Joseph von Eichendorff, *Ahnung und Gegenwart*

Er stand rasch auf und nahm sich vor, noch am gleichen Tage mit dem Bild »Ateliertür und abendliche Landschaft« zu beginnen.

Robert Gernhardt, *Ich-Ich-Ich*

Am Abend des gleichen Tages beendete ich meine Famulatur und reiste zurück in die Hauptstadt, wo ich mein Studium fortsetzte.

Thomas Bernhard, *Frost*

Er nimmt – wahrscheinlich – aus dem Handschuhfach die intakte Pistole, läßt – wahrscheinlich – das Schönste aus dem Schleim seines Lebens an sich vorbeigleiten, macht in die Hose (Zeuge: der Schwager), schaltet das Radio im Auto ein (Zeuge: der Schwager), überlegt, korrigiert, verwirft, überlegt nochmals, legt an und trifft sowieso – ich vermute, zu seiner eigenen Überraschung – genau.

Eckhard Henscheid, *Geht in Ordnung – sowieso – – genau – – –*

Durchs offene Fenster herein drang von den Kronen der alten Bäume das Summen unzähliger Bienen, denn – und darum schließe ich diese Erzählung, wie sie begann – denn: die Linden standen in voller Blüte.

Karl von Holtei, *Die Vagabunden*

Vielleicht, so stelle sie sich gern vor, wartete er nur auf den richtigen Zeitpunkt für seine Karriere, so wie General Grant in Galena; seine letzte Nachricht trug den Poststempel von Hornell, New York, das in einiger Entfernung von Geneva liegt und ein winziger Ort ist; auf jeden Fall befindet er sich ziemlich sicher in diesem Teil des Landes, in der einen oder anderen Stadt. F. Scott Fitzgerald, *Zärtlich ist die Nacht*

Daher ist mein Ende vielleicht gar nicht so unbefriedigend. Somerset Maugham, *Auf Messers Schneide*

APOSIOPESE
(Unvollendetes)

Wo, zum Kuckuck findet denn jemand wie Rick L. Tucker so ohne weiteres ein Gew

William Golding, Papiermänner

Aber ich weiß, daß meine lieben Kleinen sehr hübsch sind und daß meine Herzens-Ada sehr schön ist und daß mein Mann sehr stattlich ist und daß das Gesicht meines Vormunds von Heiterkeit und Herzensgüte strahlt wie kein anderes auf der Welt und daß sie recht gut ohne viel Schönheit an mir auskommen können – selbst vorausgesetzt, daß . . .

Charles Dickens, Bleakhaus

Gaston sagte mit klangloser Stimme: »Nun müssen wir sie nach Hause fahren . . .«

Louis Aragon, Aurélien

Auch jetzt kann ich es immer noch nicht glauben, daß dies alles vorbei ist . . .

Christopher Isherwood, Leb' wohl Berlin

Die Lichter verdämmern ... plötzlich Stille ... der Vorhang hebt sich ...

Doris Lessing, *Die Liebesgeschichte der Jane Somers*

Aus den in unserem Gespräch zerstreuten Stücken suchte ich im Gehen das Lebensbild der Witwe Lange zusammen, um die Verletzungen kennenzulernen, die sie davongetragen hatte: denn daß jemand, von Räubern und Mördern geplündert, ausgezogen und mißhandelt an meinem Weg lag, so daß ich nicht vorbeigehen durfte – die Vereinfachung in diesem Bild erregte immer stärker meine Einbildung ... Peter Suhrkamp, *Munderloh. Fragment eines Romans*

Nur das unablässige Auf und Ab der Elemente rührt ihn noch ...

Oskar Maria Graf, *Die Ehe des Herrn Bolwieser*

Sie ist keine Frau, die Widerspruch duldet ...

Louis-Ferdinand Céline, *Von einem Schloß zum andern*

Und er [der Pfiff des Schleppdampfers] ruft uns und nimmt auch die Seine mit, alles ... damit niemand mehr davon berichten kann ... Louis-Ferdinand Céline, *Reise ans Ende der Nacht*

»Man hatte mir etwas Rum in meinen Tee versprochen – Ceylon und Jamaika, die Schwesterinseln (behaglich murmelnd, entschlummernd, das Murmeln ersterbend) – –«

Vladimir Nabokov, *Sieh doch die Harlekins!*

»Wer mein Vater war, habe ich nie erfahren . . .«
Edgar Rice Burroughs, *Tarzan, der Affenmensch*

»Claude, ich l-«
Heinrich Mann, *Die Jagd nach Liebe*

VIELLEICHT

Das nächste Mal hätten Ping Pong und ich
vielleicht weniger Glück.

Compton Mackenzie, *Die Mondrepublik*

K. war schon im Flur, und Gerstäcker hielt
ihn wieder am Ärmel fest, als die Wirtin ihm
nachrief: »Ich bekomme morgen ein neues
Kleid, vielleicht lasse ich dich holen.«

Franz Kafka, *Das Schloß*

Ich bin Sebastian oder Sebastian ist ich, oder
vielleicht sind wir beide jemand, den keiner
von uns kennt.

Vladimir Nabokov, *Das wahre Leben des Sebastian Knight*

Vielleicht wird er sogar das Leben schön
finden?   Michel del Castillo, *Elegie der Nacht*

Vielleicht erfahren wir später, welchen Ge-
brauch er von seinem Vermögen machte.

Claude Tillier, *Mein Onkel Benjamin*

Vielleicht hat es nur an einem letzten Zweifel
in mir gelegen, daß das Wunder sich nicht
allem zum Trotz mit rückwirkender Kraft

vollziehen konnte, wozu es offenbar schon
bereit gewesen war. Ernst Penzoldt, *Kleiner Erdenwurm*

Und zuletzt malte sie sich aus, wie dieselbe
kleine Schwester, die eben davongelaufen
war, eines Tages auch erwachsen wäre und
sich wohl auch in reiferen Jahren das einfältige
liebevolle Herz ihrer Kindheit bewahrt hätte,
und sah vor sich, wie sich andere kleine
Kinder um sie scharten und wie auch deren
Augen aufleuchteten bei manch einer seltsa-
men Geschichte, vielleicht sogar, wer weiß,
bei der Geschichte des Traumes vom Wunderland aus alter Zeit; und wie sie traurig war
mit all ihren Schmerzen und fröhlich mit all
ihren Freuden im Gedanken an ihre eigene
Jugendzeit und selige Sommertage.

Lewis Carroll, *Alice im Wunderland*

Vielleicht würde man ihnen eines Tages –
sagen wir 1938, an ihrem hundertsten Ge-
burtstag –, erlauben, miteinander auf einen
Feiertag zurückzukehren, um die Irrtümer
ihres eigenen Lebens klarer zu erkennen im
Lichte der Irrtümer ihrer Nachfolger, und
vielleicht würden sie – zum erstenmal seit der
Mensch seine Erziehung unter den Fleisch-
fressern begonnen hat – eine Welt finden, die

empfindliche und scheue Naturen ohne Schaudern betrachten können.

Henry Adams, *Die Erziehung des Henry Adams*

Vielleicht war sie auf der Straße verhaftet worden, und sie starb oder verschwand irgendwo als eine Namenlose, eine beliebige Nummer auf einer verlorengegangenen Liste, in einem der zahllosen Konzentrationslager des Nordens.

Boris Pasternak, *Doktor Schiwago*

Wir werden, wie gewöhnlich, ein Glas Wein zusammen trinken, eine stille Partie Bezique spielen und vielleicht von alten Zeiten sprechen, da wir beide den neuen mit wenig Spannung entgegensehen.

Wolfgang Hildesheimer, *Paradies der falschen Vögel*

Vielleicht zieht bald ein Tag vorbei, der mir gefällt, ein Tag ohne Wind, ein Tag in Masante, so ein grauer trüber nichtsversprechender Donnerstag, ohne Anrufe, ohne Post, ein Tag zum Vertun, dann springe ich mitten hinein mit meinem Regenschirm und lasse mich treiben,
über meine böse Stunde hinweg und weiter.

Wolfgang Hildesheimer, *Masante*

Un as wi an't Land kemen treckte ick den Schaulmeister sinen rock an, un was hei ok eng, so höll hei mi doch Wind un Weder von'n Liw', un wenn ick ok johrelang de Stun'n tau twei Gröschen gewen müßt, heww ick mi in em doch gaud naug gefollen; un hadd ick för den Herrn Paster ok kein Schriweri tau besorgen, denn schrew ick des Abends »Läuschen un Rimels«, un dat würd min Tüftenland, un uns' Herrgott hett doräwer jo sine Sünn schinen laten un Dau un Regen nich wehrt – un de dummsten Lüd' bugen de meisten Tüften.   Reuter, *Ut mine Festungstid*

JA

Ja.   James Joyce, *Ulysses*.

Die letzte Episode, der letzte Satz des *Ulysses* ist ein interpunktionslo-
ser Redestrom von 70 Druckseiten, der laut Joyce in einem schläfri-
gen, kaum noch hörbaren »Ja« versiegt.

Ja.   Gertrude Stein, *Ida*

»Ja.«   Camilo José Cela, *Mazurka für zwei Tote*

»Ja.«   Stefan Zweig, *Rausch der Verwandlung*

Ja?   Philip Roth, *Portnoys Beschwerden*

Ja – Ja – Ja!   Günter Grass, *Die Blechtrommel*

»Ja, ich bin zurück«, sagte er.

J. R. R. Tolkien, *Der Herr der Ringe*

»Ja mein bester ... Ich bin Mattia Pascal
selig.«   Luigi Pirandello, *Mattia Pascal*

Ja; ich freue mich, daß meine Söhne keine
Seeleute werden wollen ... und dennoch ...

Pío Baroja, *Shanti Andía, der Ruhelose*

28

KURZ UND BÜNDIG

»Hurra!«   Jurij Olescha, *Neid*

Lichtung.   Thomas Bernhard, *Korrektur*

So ist es.   Jean Giono, *Der Berg der Stummen*

Zum Glück!   Albert Camus, *Der Fall*

Sie kommen.   Max Frisch, *Homo Faber*

»Ich bleibe.«   David Lodge, *Saubere Arbeit*

Wir lauschten.   Truman Capote, *Die Grasharfe*

Und jetzt alle –   Thomas Pynchon, *Die Enden der Parabel*

Jetzt ist es gut.   Adolf Muschg, *Das Licht und der Schlüssel*

»Sehr wohl, Sir.«   P. G. Wodehouse, *Dann eben nicht, Jeeves*

Sie fiel nach vorn.   Heinrich Eduard Jacob, *Liebe in Üsküb*

Er dachte an Anna.   Conny Lens, *Die Sonnenbrillenfrau*

Samstag fahren wir   Hans Wollschläger, *Herzgewächse*

»Es ist buchenswert.«   Thomas Mann, *Lotte in Weimar*

»Ein Schuß geht los.« Guido Morselli, *Liebe einer Tochter*

Und ihre Augen sind leer.

Alain Robbe-Grillet, *Die blaue Villa in Hongkong*

Es kamen keine Briefe mehr.

T. Coraghessan Boyle, *Wassermusik*

Herr Meyer aber ging pleite.

Hugo Ball, *Flametti oder Vom Dandyismus der Armen*

Diederich war schon entwichen.

Heinrich Mann, *Der Untertan*

Kein Geistlicher hat ihn begleitet.

Johann Wolfgang von Goethe, *Die Leiden des jungen Werther*

POLYGLOTTES

Sic transit gloria mundi.

Johann Karl Wezel, Robinson Krusoe

All out.

Samuel Beckett, Murphy

Quien sabe . . .!   Jacques Stephen Alexis, *Die Mulattin*

Non, non, non.

Peter Hille, Die Sozialisten

Obladi, oblada, life goes on, yeah, naah-nah-
nah-naah-naah-naah-nah.   Hen Hermanns, *Max perplex*

Er nannte die Marilli schon eine ganze Zeit
Märry.   Siegfried Sommer, *Und keiner weint mir nach*

Der dankbare Künstler versprach ihm aus
seinen neuen Kompositionen alle *ove son? che
ascoltai?* und die

> *Tornate sereni*
> *Begli astri d'amore!*

Wilhelm Heinse, Hildegard von Hohenthal

»Zuviel Durcheinander hier«, sagte William.
*»Non in commotione, non in commotione Domi-
nus.«*   Umberto Eco, *Der Name der Rose*

Sie würde warten, bis Rettung eintraf.

George Baxt, Mordfall für Dorothy Parker

Da hin da lein da letzt da liebt da lang m

James Joyce, Finnegans Wake.

Der letzte Satz von *Finnegans Wake* mündet wieder in den ersten, so
daß es sich genaugenommen um ein end-loses Buch handelt.

WEINEN

Dann saßen sie beieinander und weinten.

Ernst Penzoldt, *Der arme Chatterton*

Sie denkt, als hätte man ihr das Geheimnis des Weltalls und ihres eigenen Daseins erklärt; sie weint, als könnte sie auf dieser weiten Welt nirgends mehr auch nur irgendein *Deo gratias* finden.

Italo Svevo, *Ein Mann wird älter*

Er weinte vor Müdigkeit über den toten Onkel, über sich, über die Länder und Menschen.

Siegfried Kracauer, *Ginster*

Und sie sah nicht aus wie eine, die geweint hat; das wollen wir doch mal sagen.

Uwe Johnson, *Mutmaßungen über Jakob*

Ich weinte.

Erich Segal, *Love Story*

Und über die Maske rollte unvermutet eine Träne, hinab und fiel auf den schmutzigen Gefängnisboden.

Wyndham Lewis, *Rache aus Liebe*

Sie hatte sich zu weinen gesträubt, dennoch war das die unerträgliche Wahrheit.

Edmonde Charles-Roux, *Elle, Adrienne*

Kaum hörbar fügte er hinzu: »Wenn ihr wüßtet, was ich weiß, so würdet ihr viel weinen und wenig lachen.« Wilhelm Raabe, *Abu Telfan*

KRIEG

*Und Schritt gefaßt und rechts und links und rechts
und links, marschieren, marschieren, wir ziehen in
den Krieg, es ziehen mit uns hundert Spielleute mit,
sie trommeln und pfeifen, widebum widebum, dem
einen gehts grade, dem andern gehts krumm, der eine
bleibt stehen, der andere fällt um, der eine rennt
weiter, der andere liegt stumm, widebum, widebum.*

Alfred Döblin, *Berlin Alexanderplatz*

»Es ist eine Schande, im Kriege zu siegen«,
sagte ich leise.

Curzio Malaparte, *Die Haut*

ER war es, der einige der kernhaftesten Reden
in einigen Versammlungen hielt: ER erlangte
etliche ansehnliche Vortheile über die Englän-
der; der Auszug des Krieges wird lehren, wer
von beyden Theilen Recht behalten, und ob
Belphegor als Patriot und Menschenfreund
allgemein bekannt werden, oder im Streite für
die Freyheit ungerühmt umkommen soll.

Johann Karl Wezel, *Belphegor oder Die wahrscheinlichste Geschichte unter
der Sonne*

Wiedergesehen habe ich sie nicht mehr, zwei Tage nachher fuhr ich mit einer Menge gleichaltriger Rekruten nach Görz in Istrien, wo sich unser Regiment befand.

Ernst Weiß, Der Verführer

»Heim bringen wir die letzten Goten.«

Felix Dahn, Ein Kampf um Rom

Weil niemand zu mir gesagt hatte: »Willkommen nach dem Kriege in der Heimat.«

Joachim Ringelnatz, Als Mariner im Krieg

LÄCHELN

Er kreuzte die Hände in seinem Schoß und lächelte, wie ein Mensch lächeln mag, der Erlösung gewonnen hat für sich und die, die er liebt.
Rudyard Kipling, *Kim*

Der Dentist Ledinek lächelte breit.
Wolfdietrich Schnurre, *Als Vaters Bart noch rot war*

Einen Augenblick lang erhellen sie [die Flammen] die Gesichter von Anthony und Rhiannon, die nahe beieinander lächeln.
Dylan Thomas, *Rebeccas Töchter*

Sie lächelte, als wäre es Marcus selbst, und der Soldat kam mit seinen beiden Brüdern auf die Türe zu, der Wärme und dem Licht des Elternhauses entgegen.
William Saroyan, *Menschliche Komödie*

Sie trat zur gewohnten Zeit ein, setzte sich nieder, studierte die Karte, als hätte sie nicht gewußt, daß sie einen Aufschnitt bestellen würde; und dann schaute sie auf, sah mich und lächelte.
François Mauriac, *Der Jüngling Alain*

Und Willi Kufalt schläft sachte, friedlich lächelnd ein. Hans Fallada, *Wer einmal aus dem Blechnapf frißt*

Nach ihrem Verschwinden sagte Satan lä-
chelnd:
»Das sind mir Menschen, und wenn sie etwas
Scheußliches vorstellen wollen, malen sie den
Teufel; so laßt uns denn, wenn wir etwas
Schändliches vorstellen wollen, den Menschen
zur Wiedervergeltung malen, und dazu sollen
mir Philosophen, Päpste, Pfaffen, Fürsten,
Eroberer, Höflinge, Minister und Autoren sit-
zen!«
Friedrich Maximilian Klinger, *Fausts Leben, Taten und Höllenfahrt*

Sie blickte auf und durch die Scheune, und
ihre Lippen schlossen sich und lächelten ge-
heimnisvoll. John Steinbeck, *Früchte des Zorns*

FRIEDE

Friede und Ruhe dem entschlafenen Bruder
Medardus, der Herr des Himmels lasse ihn
dereinst fröhlich auferstehen und nehme ihn
auf in den Chor heiliger Männer, da er sehr
fromm gestorben.

E. T. A. Hoffmann, *Die Elixire des Teufels*

Friede schwebt über ihrer Stätte, heitere ver-
wandte Engelsbilder schauen vom Gewölbe
auf sie herab, und welch ein freundlicher
Augenblick wird es sein, wenn sie dereinst
wieder zusammen erwachen.

Johann Wolfgang von Goethe, *Die Wahlverwandtschaften*

Der Friede, der über ihn kam, tat ihm wohl;
um so mehr, da er nun wußte, daß in der leise
sich öffnenden Türe Hungertobel stand, ihn
nach Bern zurückzubringen.

Friedrich Dürrenmatt, *Der Verdacht*

»Sie hat keinen Frieden gefunden, seit sie nicht
mehr mit ihm zusammen ist, und wird nie
wieder Frieden finden, bis sie soweit ist, wie er
jetzt!«

Thomas Hardy, *Im Dunkeln*

An allen Mauern klebt heute die einfache Parole: »Demokratie ist Friede!«

Bertolt Brecht, *Die Geschäfte des Herrn Julius Cäsar*

Ich bin zweiundsiebzig Jahre alt, habe ein unendlich abwechslungsreiches Leben hinter mich gebracht und den Wert des Otiums sowie den Segen, meine Tage in Frieden zu beschließen, zur Genüge schätzen gelernt.

Daniel Defoe, *Robinson Crusoe*

Nur friedliche Tauben fliegen um sein Haupt und setzen sich zutraulich auf Schulter und Helm.

Heinrich Spoerl, *Der Maulkorb*

LEBEN

Ich war auf dem Weg, auf der Suche nach einem eigenen Leben. Peter Weiss, *Abschied von den Eltern*

Die Arbeit geht ihm leicht von der Hand, aber das Leben langweilt ihn.

Bernard von Brentano, *Die ewigen Gefühle*

Und die Mondleute lebten in dem unaufhörlichen Leben der Welt – so als wäre das ihr Mondmannsleben.

Paul Scheerbart, *Die große Revolution. Ein Mondroman*

Sie kann ihn [den Zauberkreis] nie verlassen und was sie bildet und was sie spricht, lautet wie eine wunderbare Romanze von den schönen Geheimnissen der kindlichen Götterwelt, begleitet von einer bezaubernden Musik der Gefühle und geschmückt mit den bedeutendsten Blüten des lieblichen Lebens.

Friedrich Schlegel, *Lucinde*

Es ist ein Tag im September, und wenn man aus den finstern und gar nicht kühlen Gräbern

wieder ans Licht kommt, blinzeln wir, so grell
ist der Tag; ich sehe die roten Schollen der
Äcker über den Gräbern, fernhin und dunkel
das Herbstmeer, Mittag, alles ist Gegenwart,
Wind in den staubigen Disteln, ich höre
Flötentöne, aber das sind nicht die etruski-
schen Flöten in den Gräbern, sondern Wind in
den Drähten, unter dem rieselnden Schatten
einer Olive steht mein Wagen grau von Staub
und glühend, Schlangenhitze trotz Wind, aber
schon wieder September: aber Gegenwart,
und wir sitzen an einem Tisch im Schatten
und essen Brot, bis der Fisch geröstet ist, ich
greife mit der Hand um die Flasche, prüfend,
ob der Wein (Verdicchio) auch kalt sei, Durst,
dann Hunger, Leben gefällt mir –

Max Frisch, *Mein Name sei Gantenbein*

Wie leidenschaftlich, sündhaft und rebellisch
auch das Herz war, das im Grabe ruht, die
Blumen, die auf ihm wachsen, sehen uns mit
ihren unschuldigen Augen ruhig an: sie reden
zu uns nicht nur von der unerschütterlichen
Ruhe, von jener großen Ruhe der gleichmäßi-
gen Natur: sie reden auch von der ewigen
Versöhnung und vom unendlichen Leben ...

Ivan Turgenev, *Väter und Söhne*

[']Aber mein Leben, mein ganzes Leben, wie auch immer es sich gestalten mag, jeder Augenblick meines Lebens wird jetzt nicht mehr zwecklos sein wie bisher, sondern es hat einen hohen, bestimmten Sinn gefunden: das Gute, das in mein Leben hineinzulegen ich die Macht besitze.' Lev Tolstoj, *Anna Karenina*

Und wenn mir so geschieht in meiner Todesstunde, werde ich mein Leben segnen, und ich werde nicht umsonst gelitten haben!

Hans Fallada, *Der Trinker*

Dank dem Schmerz waren wir zuletzt aus dem Krieg auferstanden, der uns in seinem Grab der Gleichgültigkeit und Bösartigkeit gefangengehalten hatte; und wir konnten nun von neuem unser Leben leben, das vielleicht ein armseliges Leben war, aber doch das einzige, das wir leben mußten – wie Michelle zweifellos gesagt hätte, wäre er bei uns gewesen.

Alberto Moravia, *Cesira*

Er schloß das eine Auge, aber nicht zum Sterben, nie mehr zum Sterben oder noch lange nicht, eine kurze Weile nicht; Jahre, die

man nicht mehr zu fürchten und zu erzählen
braucht, wenn es nur gelingt, sie zu leben.

Adolf Muschg, *Albissers Grund*

Strahlende Edelsteine, farbenprächtige Kristallstufen, die vor vielen Jahrmillionen in ihrem Muttergestein entstanden, gelten uns als Symbole der Unvergänglichkeit, und – gemessen an der kurzen Zeitspanne des menschlichen Lebens – sind sie es auch.

Geno Hartlaub, *Nicht jeder ist Odysseus*

Heimatlos irren sie [Vater und Mutter Mauperin] über die Erde, fliehen die Gräber und tragen noch die Toten mit sich, suchen ihren Schmerz durch die Mühsal der Wege zu ermüden und schleppen ihr Leben zu allen Weltenden, nur um es aufzuzehren!

E. u. J. de Goncourt, *Renée Mauperin*

Es heißt zwar, daß es [das Leben des Menschen] die Engel zum Weinen bringt, aber ich meine, weit öfter müssen sie sich die Seiten halten vor Lachen, wenn sie auf uns hier unten herniederschauen; und das eine stand nun mal

44

bei mir fest, als ich diese lange Geschichte begann: alles so zu erzählen, wie es
sich wirklich ereignet hat.

Robert Louis Stevenson, *Catriona*

STERBEN

Du . . . stirbst, bist gestorben . . . ich werde
sterben. Carlos Fuentes, *Nichts als das Leben*

Er starb, und am dritten Tag ward er begra-
ben. Vladislav Vancura, *Der Bäcker Jan Marhoul*

Ich bedarf dessen nicht mehr, denn ich – – ich
sterbe mit jedem Augenblick und werde wieder geboren, neu und ohne Erinnerungen: ich
lebe, nicht mehr in mir, sondern nur noch in
jedem Ding außerhalb von mir.

Luigi Pirandello, *einer, keiner, hunderttausend*

Sie suchte auf keine Weise, ihrem Leben
Abbruch zu tun; aber drei Tage nach Julien
starb sie in den Armen ihrer Kinder.

Stendhal, *Rot und Schwarz*

Seine Eltern waren gestorben. Andrej Belyi, *Petersburg*

Und endlich starb er den Tod, den schweren
Tod. Jens Peter Jacobsen, *Niels Lyhne*

Als man ihn umdrehte, sah man, daß er sich nicht lange gequält haben konnte – sein Gesicht hatte einen so gefaßten Ausdruck, als wäre er beinahe zufrieden damit, daß es so gekommen war.

Erich Maria Remarque, *Im Westen nichts Neues*

Noch ist nur übrig zu erwähnen, daß Gräfin Armond, seit lange krank und aller Welt abgestorben, jedoch mit Noltens Glück noch bis auf die letzte Zeit, und zwar in Verbindung mit dem Hofrat, insgeheim beschäftigt, jene kläglichen Schicksale nur wenige Monate überlebte.

Eduard Mörike, *Maler Nolten*

So betete es leise, leise neigte sein Haupt sich auf die Seite – um eine gute Frau, um eine gute Mutter war die Erde ärmer.

Jeremias Gotthelf, *Geld und Geist*

LIEBE

Da ist ein Land der Lebenden und ein Land
der Toten, und die Brücke zwischen ihnen ist
die Liebe – das einzig Bleibende, der einzige
Sinn. Thornton Wilder, *Die Brücke von San Luis Rey*

Ich sah sie nur undeutlich vor mir, aber mit
einer solchen Macht der Liebe und Freude,
der körperlichen und seelischen Nähe, wie ich
sie nie jemandem anderen gegenüber empfun-
den habe. Ivan Bunin, *Das Leben Arsenjews*

Doch wenn die Geister der Toten auf die Erde
zurückkehren, um Orte aufzusuchen, die
durch Liebe geweiht sind, durch die übers
Grab hinausreichende Liebe derer, die sie im
Leben gekannt haben, dann glaube ich, daß
der Schatten des armen Mädchens oft diese
feierliche Stätte umschwebt – obwohl diese
Stätte in einer Kirche ist und sie schwach war
und irreging. Charles Dickens, *Oliver Twist*

»Und uns vor allem selber retten«, vollendete
sie mit einem bezauberndem Lächeln, so rät-

selhaft, wie ich es noch nie gesehen, denn es barg alle Rätsel der Liebe. Jack London, *Der Seewolf*

Sie blickte sie nur an, und in ihren Augen stand ein zweites Leben, noch schrecklicher als das andere, ein hohes und schweres Leben, – – die Liebe. Ilja Ehrenburg, *Die Liebe der Jeanne Ney*

Er liebte den großen Bruder. George Orwell, *1984*

Und daher liebe ich es abgöttisch. – –
Clarice Lispector, *Die Passion nach G. H.*

Wir alle lieben Miss Matty, und ich möchte fast meinen, daß wir alle bessere Menschen sind, wenn es sie gibt. Elizabeth Gaskell, *Cranford*

Sie hatten zum ersten Mal etwas aus Liebe getan. Patrick Süskind, *Das Parfüm*

Als man versuchte, ihn von dem Gerippe loszulösen, das er umarmt hielt, da zerfiel er in Staub. Victor Hugo, *Der Glöckner von Notre Dame*

»Ich liebe Dich, Weltgeist!«
Paul Scheerbart, *Ich liebe Dich. Ein Eisenbahnroman mit 66 Intermezzos*

HOCHZEIT

Auf die erste Heiratsanzeige, die Melzer aufgegeben hat, hat er drei Zuschriften bekommen.

Gernot Wolfgruber, Herrenjahre

Bald darauf fand die Vermählung der Fürstin
statt, und sie und Albert reisten nach einer
Besitzung, die er in Steiermark hatte.

August Lewald, Der Insurgent

Kurze Zeit danach wurde die Hochzeit mit
aller Pracht, die der Erbin des Herrn von
Escolano gebührt, und zur großen Genugtu-
ung der Eltern unseres Studenten gefeiert, der
sich damit reichlich entschädigt sah für die
paar Stunden Freiheit, die er dem hinkenden
Teufel verschafft hatte.

Alain-René Lesage, Der hinkende Teufel

Doch trotz dieser Mängel erhielten die
Wünsche, die Hoffnungen, die Zuversicht
und die Voraussagen der kleinen Schar treuer
Freunde, welche der Feier beiwohnten, ihre

volle Bestätigung im sicheren Glück dieses
Bundes.   Jane Austen, *Emma*

Ich begriff, daß mein Eheleben begonnen
hatte.   Raymond Queneau, *Intimes Tagebuch der Sally Mara*

MUTTERGLÜCK

Es tat sich also doch wieder etwas in der
Familie Comstock.

George Orwell, *Die Wonnen der Aspidistra*

Sollte es eine Tochter werden, so wollte ich sie
Letizia nennen, denn ich wünschte, daß sie, im
Gegensatz zu mir, ein fröhliches, glückliches
Leben haben solle, und ich war überzeugt
davon, daß ich das mit Hilfe von Minos
Familie erreichen würde. Alberto Moravia, *Die Römerin*

Blutuntersuchungen zum Vaterschaftsnach-
weis zogen sie gar nicht in Erwägung, als das
Kind kam: denn das war etwas, wie Patsy
sagte, das sie nicht unbedingt zu wissen
brauchten. Edna O'Brien, *Plötzlich im schönsten Frieden*

»Ich erwarte ein Baby.«

Flann O'Brien, *Aus Dalkeys Archiven*

Dagmar war nun längst keine verstoßene
Tochter mehr, sondern eine innig geliebte; ein
glückseliges Weib und eine ebenso glückliche,
stolze Mutter. Hedwig Courths-Mahler, *Die verstoßene Tochter*

Wenn Margrit erwachsen ist, wird sie eine Tochter haben, die ihrerseits wieder Peter Pans Mutter ist; und so wird es weitergehen, solange es fröhliche, unschuldige und selbstsüchtige Kinder gibt.

J. M. Barrie, *Peter Pan*

GLÜCK

Ja, in der mystischen Wärme dieses Augenblicks wurde alles möglich; es gab keinen
Gedanken an Mißgeschick, und das Glück
schien ewig.   A. J. Cronin, *Dr. Shannons Weg*

Ich kenne den Wert eines Königreichs nicht,
versetzte Wilhelm, aber ich weiß, daß ich ein
Glück erlangt habe, das ich nicht verdiene,
und das ich mit nichts in der Welt vertauschen
möchte.

Johann Wolfgang von Goethe, *Wilhelm Meisters Lehrjahre*

Und er ruhte aus von der Schwere des Glücks
und der Größe der Wunder.   Joseph Roth, *Hiob*

Und wieder schloß der glückliche Anton die
Geliebte in seine Arme. Gustav Freytag, *Soll und Haben*

Mit den Gardiners blieben sie herzlich verbunden, Darcy und Elisabeth liebten sie gleich
aufrichtig und waren sich der Dankbarkeit
gegen die beiden Menschen bewußt, die durch

ihre Reise nach Derbyshire zu ihrer glückli-
chen Vereinigung beigetragen hatten.

Jane Austen, *Stolz und Vorurteil*

O glücklicher Rabo Karabekian.

Kurt Vonnegut, *Blaubart*

Elmickors Absichten gelangen: Er erntete mit
meinem Helden Bewundrung und stieg durch
diese nebst ihm zu einem Glück empor, das
seinen Ehrgeiz befriedigte. Johann Karl Wezel,

Lebensgeschichte Tobias Knauts, des Weisen, sonst der Stammler genannt

Nur ein Wunsch bleibt mir noch, daß meine
Dankbarkeit im Glück noch größer sein möge
als meine frühere Ergebung im Unglück.

Oliver Goldsmith, *Der Vikar von Wakefield*

ICH

»Ich möchte das vergangene Jahr . . .«

Colette, Das Hotelzimmer

»Ich wollte sie doch nur erschrecken: es war ein Scherz!«

Curzio Malaparte, Blut

»Ich hab' euer Bild!«   Bernard Malamud, Ein neues Leben

»Ich finde, das ist eine großartige Idee.«

Joseph Wambaugh, Tod im Zwiebelfeld

»Ich muß mich zum Hausmeister qualifizieren.«   Ilja Ilf und Jewgenij Petrow, Das goldene Kalb

»Ich stelle vor: Monsieur Tisaneau, unser vierter Manille-Partner, Monsieur Prudence, Straßenbauingenieur«, – und dann auf den Alten zeigend – »und dann Monsieur Isidore Ducasse, ehemaliger Steuereinnehmer, ein sehr würdiger Herr.«

Luis Aragon, Anicet oder das Panorama

»Ich hatte keine andere Möglichkeit, meinen Gefühlen Luft zu machen, ohne die Nachbarn zu stören.« George Bernard Shaw, *Unreif*

»Ich rufe wegen Sir Neville Nym an . . . nein, gar nicht gut, fürchte ich.« Peter Ustinov, *Krumnagel*

»Ich erinnere mich gerade heute daran, wo unsere Armee in absehbarer Zeit die Grenzen überschreiten wird.«
Jaroslav Hašek, *Die Abenteuer des braven Soldaten Schwejk*

»Ich halt durch bei der Witwe, bis ich schwarz werde, Tom; und wenn ich dann so ein richtiger erstklassiger Räuber bin und alle davon reden, dann wird sie wohl stolz darauf sein, daß sie mich aufgefischt hat.«
Mark Twain, *Tom Sawyers Abenteuer*

»Ich danke Ihnen, Sir«, sagte Hornblower.
C. S. Forester, *Fähnrich z. S. Hornblower*

»Ich hoffe, er wird freigesprochen . . .«
Georges Simenon, *Maigret in Kur*

»Ich denke, ich weiß ihr Angebot richtig einzuschätzen, Herr Poschinger, aber ich habe andere Pläne.« Frieder Faist, *Schattenspiele*

UND

Und Mike sah die Kinder in der Sonne auf sich zulaufen. *Julien Green, Die Sterne des Südens*

Und er ging mit ihr fort und sang dazu sein sechstes Lied, aber keiner weiß, wo er sein letztes sang. *Charles de Coster, Die Geschichte von Ulenspiegel*

Und auch das war ihm nicht weit genug.
Saul Bellow, Mehr noch sterben an gebrochenem Herzen

Und nun, glaube ich, ist genug gesagt.
Anne Brontë, Agnes Grey

Und eine der allerbesten, so ich je vernahm.
Laurence Sterne, Tristram Shandy

Und sie waren beide sehr erregt, als sie durch das Dorf gingen und im Wirtshaus zum goldenen Kreuz ankamen.
Gustave Flaubert, Bouvard und Pécuchet

Und zwinkerte beherzt zurück.
Eckhard Henscheid, Dolce Madonna Bionda

Und alles, auch die kleinste Einzelheit, würde für immer in mein Herz geschrieben sein.

Ian Fleming, *Der Spion, der mich liebte*

Und das ist bekanntlich die Hauptsache dabei.

Erich Kästner, *Das fliegende Klassenzimmer*

Und so legte er aus der Barmherzigkeit, zu der er Zugang hatte, die Hostie auf die Zunge des Toten.

William Golding, *Der Turm der Kathedrale*

Und das Kreuz des Sohnes lag auf seinem Herzen.

Franz Werfel, *Die vierzig Tage des Musa Dagh*

Und während einer Sekunde, sie und wir, in unserer Katastrophe, sahen wir einander in die Augen.

Witold Gombrowicz, *Verführung*

Und dann erzählt er ihr von Roderick, dessen Geschichte zu hören sie nie müde wird und dessen Namen er sonst keinem Menschen gegenüber erwähnt.

Henry James, *Roderick Hudson*

Und hätte vollends Wieland gerechtere Ansichten über seine moralische Verpflichtung und die Eigenschaften Gottes gehegt, ja wär' er bloß begabt gewesen mit schlichtem

Gleichmut und klarer Voraussicht, so wären auch die Pläne jenes doppelzüngigen Betrügers vereitelt und schon in ihrem Ansatz zunichte gemacht worden.

Charles Brockden Brown, *Wieland oder Die Verwandlung*

»Und Vorfahren und Grafen haben sie auch nicht.«
Francis Hodgson Burnett, *Der kleine Lord*

Und das einzige Kleinod, dem meine Frau Wert beimißt und von dem sie sich niemals getrennt hat, ist jener goldene Knopf, den sie von meinem Ärmel löste, damals, als sie mich im Gefängnis besuchte, und den sie seitdem stets, wie sie mir eingestand, auf dem zärtlichsten Herzen der Welt verwahrte.

William Makepeace Thackeray, *Die Geschichte des Henry Esmond*

DANN

Dann ritten sie mit ihm davon.

B. Traven, Der Schatz der Sierra Madre

Dann ritten wir denselben Weg zurück, den
wir gekommen waren.   Karl May, *Durch die Wüste*

Dann fuhren sie ab, und wir gingen ins
Mulino trinken.   Cesare Pavese, *Der Teufel auf den Hügeln*

Und dann dachte er: »Nun, ich werde eine
Schale Tee trinken.«   John Cowper Powys, *Wolf Solent*

((Und dann sitz ich da!)).

Arno Schmidt, Das steinerne Herz

Dann aber umarmte er mich und bekundete
die Freude, die ihm das Wiedersehen mit mir
bereitete; zugleich gestand er mir, wie
schmerzlich es für ihn gewesen sei, daß er sich
von Laura Uceda – so nannte er nämlich
Rebekka – habe trennen müssen.

Jan Graf Potocki, Die Abenteuer in der Sierra Morena

Dann ging er raschen Schrittes zurück zur Stadt, zurück zu Josef Albert, Selma, Lehrer Leopold, der Mutter und Onkel Bobek, mit denen er verbunden war. Hermann Ungar, *Die Klasse*

Dann drehte das Flugzeug ab, und sie verloren allmählich an Höhe. Julian Barnes, *In die Sonne sehen*

Ein altes Wort von Valdemaire ging Cornelie im Herzen auf, und sie sagte es mit gebrochener Stimme: »Dann setzte der Sohn der Mutter die Krone aufs Haupt.« Ina Seidel, *Das Wunschkind*

Dann zog er die Pistole aus dem Hosenbund, prüfte nach, ob sie geladen war, und bewegte sich auf die schweigenden Bäume zu.

Robert Harris, *Vaterland*

Dann klaubte sie mir das durchweichte Ahornblatt von der Stirn, strich es glatt und breitete es mit einer versöhnlichen Geste über die haarige Menschlichkeit, die unsereiner nunmal am Leibe hat. Ulrich Horstmann, *Patzer*

Dann erst erfuhr Ulrich, daß sich Agathe plötzlich verabschiedet und ohne ihn das Haus verlassen habe; man richtete ihm aus, daß sie ihn durch ihren Entschluß nicht hätte stören wollen. Robert Musil, *Der Mann ohne Eigenschaften*

DOCH UND ABER

Doch bevor er zum letzten Vers kam, hatte er
schon begriffen, daß er nie aus diesem Zimmer gelangen würde, da es bereits feststand,
daß die Stadt der Spiegel (oder der Spiegelun-
gen) vom Wind vernichtet und aus dem
Gedächtnis der Menschen in dem Augenblick
getilgt sein würde, in dem Aureliano Babilo-
nia die Pergamente endgültig entziffert hätte,
und daß alles in ihnen Geschriebene seit
immer und für immer unwiederholbar war,
weil die zu hundert Jahren Einsamkeit verur-
teilten Sippen keine zweite Chance auf Erden
bekamen. Gabriel García Márquez, *Hundert Jahre Einsamkeit*

Doch die Stadt schläft, die Straßen sind ver-
ödet, niemand, nicht einmal er, hebt die
Augen, um sie zu betrachten. Dino Buzzati, *Un Amore*

Doch vereitelte dies nach seligem Zeitraum
das unerbittliche Schicksal.

Wilhelm Heinse, *Ardinghello und die glückseligen Inseln*

Doch das ist nicht wahrscheinlich.

Stanisław Witkiewicz, *Unersättlichkeit*

Aber wie mit dieser Geschichte bewiesen, gelingt es allemal, ein Samenkorn zu pflanzen, eine Hoffnung zu entfachen.

Jorge Amado, *Das Nachthemd und die Akademie*

Aber genug, um dabei sehen zu können.

Margaret Atwood, *Katzenauge*

Aber nirgendwo ist ein Paul mit Krücken oder auf Knien gesehen worden.

Ulrich Plenzdorff, *Legende vom Glück ohne Ende*

Aber es war keiner da. William Gerhardie, *Vergeblichkeit*

Aber ihr Gesicht war heiter und erinnerungslos. Albert Paris Gütersloh, *Der Lügner unter Bürgern*

FRAGEN

»So!« sagte sie, »war das nicht ein schöner
Schlaf?«   Ian McEwan, *Der Zementgarten*

»Ewig Firmian?« sagte leiser Natalie; und die
Leiden unseres Freundes waren vorüber.

Jean Paul, Siebenkäs

Ist denn das zu wenig selbst für ein ganzes
Menschenleben?   Fedor M. Dostoevskij, *Helle Nächte*

»Sagen Sie mir, William«, schloß sein letzter
Brief, »womit habe ich das alles verdient?«

Christopher Isherwood, Mr. Norris steigt um

»Warum haben Sie es getan?«

Iris Murdoch, Der schwarze Prinz

– – Wie war es denn? sagtest du.

Uwe Johnson, Das dritte Buch über Achim

»Am Ende verlangst du auch noch, ich sollte
mit einer Wünschelrute hantieren, was?«

Gisbert Haefs, Das Doppelgrab in der Provence

Und paßte es nicht wirklich auf den Majoren?

Heimito von Doderer, *Die Strudlhofstiege*

Hatte ich nicht soeben erfahren, daß Marthe mit meinem Namen auf den Lippen gestorben war und daß meinen Sohn ein vernünftiges Dasein erwartete?   Raymond Radiguet, *Der Teufel im Leib*

»Fred und Mary! kommt ihr denn endlich herein? – oder darf ich euren Kuchen essen?«

George Eliot, *Middlemarch*

»Ach nee?«   Spike Milligan, *Puckoon*

»Oder?«   Gisbert Haefs, *Mörder & Marder*

Warum hat er mir nie den schwarzen Stein gezeigt?   Horst Bienek, *Die erste Polka*

AUSRUFE

»Achtung, Aufnahme!«

Luigi Pirandello, *Die Aufzeichnungen des Kameramannes Serafino Gubbio*

Ach, was für ein Hundeleben . . .!«

Georges Darien, *Der Dieb*

»Sie werden sich die Därme füllen und die Seele ausleeren durch den Unterleib!«

Joris-Karl Huysmans, *Tief unten*

Heil!

unterzeichnet
Müller

Walter Mehring, *Müller. Chronik einer deutschen Sippe*

»Feste!«

Hans Pleschinski, *Pest und Moor*

Gib deine Waffen weiter, Hans Unwirrsch!

Wilhelm Raabe, *Der Hungerpastor*

Lebt nochmals wohl! alle meine Lieben! ich wünsche gute Reise nach Solyma! die Sonne geht unter, der Herbststurm rast, und die

Nacht wird kalt, macht, daß ihr unter Obdach kommt! und damit Gott empfohlen!

Johann Heinrich Jung-Stilling,
Das Heimweh und der Schlüssel zu demselben

»Bei uns in England wäre Jean Galmont der Cecil Rhodes von Guayana gewesen!«

Blaise Cendrars, *Rum*

*(Und was'n Einfall das wieder: ›*Einmal lebt' ich wie Götter‹!!!). –   Arno Schmidt, *Die Gelehrtenrepublik*

Doch, es war wirklich das Schönste, was wir erlebt haben!« pflichtete ihm Deslauriers bei.

Gustave Flaubert, *Lehrjahre des Herzens*

27. April: Urvater, uralter Artifex, steh hinter mir, jetzt und immerdar.

James Joyce, *Ein Porträt des Künstlers als junger Mann*

»Bald werde ich meinem Sohne folgen!«

Christian August Vulpius, *Rinaldo Rinaldini der Räuber Hauptmann*

Das Buch ist fertig!   Gerhard Mensching, *Löwe in Aspik*

Antworte mir.   Aidan Higgins, *Ein Ire an der Sonnenküste*

EINSICHTEN

Ich bin, also ist Schönheit. Peter Hille, *Die Hassenburg*

Alles andere hat keine Bedeutung.

Jurij Trifonov, *Zeit und Ort*

So seltsam unterscheidet sich manchmal die Wirklichkeit von der Illusion.

Theodore Dreiser, *Der Titan*

»So gewiß ich heute und hier Sarnac bin, so sicher war ich einst Harry Mortimer Smith.«

H. G. Wells, *Der Traum*

Es war ein Fehler gewesen, das alles zu erfinden, denn nun bin ich ja in einer mißlichen Lage. Hermann Kinder, *Der helle Wahn*

Jeder badet für sich. Günter Grass, *Hundejahre*

»Beinahe jeder, der dir begegnet, wird betrunken sein.« Aldous Huxley, *Das Genie und die Göttin*

Die Kühnheit und die Gerechtigkeit haben keine Botschaften an dich.

Heinrich Eduard Jakob, *Blut und Zelluloid*

– Ich bin älter geworden.

Raymond Queneau, Zazie in der Metro

Damit wollen wir uns bescheiden.

Heinrich Spoerl, Die Feuerzangenbowle

Es war schön zu sein, noch schöner zu wirken, und was an unfrohen Trieben keimte und wucherte, wurde durch die vielgefältige Mühsal des Tages um so leichter beschwichtigt, als ja ein Mann von vierzig Jahren, wenn die Lebensuhr nicht stille steht, mit der Zeit ein Mann von fünfzig Jahren wird.

Jakob Wassermann, Der Mann von vierzig Jahren

»Wir werden nie mehr so sein, wie wir waren.«

Henry James, Die Flügel der Taube

»Wir sind verworfen in alle Ewigkeit.«

Klabund, Pjotr

Dieses wie sämtliche anderen Übel sind so feurig gutgemeint. – – – Mynona, Die Bank der Spötter

Weder die lange Nanon noch Cornviller haben Geist genug, um die Verderbtheit der Welt zu verstehen. Honoré de Balzac, Eugénie Grandet

Wir können es doch nicht raten.

Gustav Frenssen, *Jörn Uhl*

Begriffen hatte ich ... habe ich bis heute nichts.

Frieder Faist, *Der Ersatzmann*

Schließlich, morgen ist auch ein Tag.

Margaret Mitchell, *Vom Winde verweht*

Morgen beginnt alles von vorn ...

Jean Giraudoux, *Simon*

Daß er nicht frei war von den Schwächen der menschlichen Natur, braucht nicht betont zu werden; aber so lange er lebte, konnte er als ein wandelnder Beweis des Satzes gelten: wieviel ehr- und achtungswürdiger der Mann sei, der sich Einfachheit und Redlichkeit, feste Grundsätze und Wahrheit zu seinen Führern wählt; als Derjenige, der versucht, sich mit Hilfe von Falschheit, Ränken, Schikanen durch die Welt zu schlängeln.

James Fenimore Cooper, *Tausendmorgen*

Wir müssen auf der Hut sein. Anthony Burgess, *1985*

Und es erinnert wie an eine Sage der Vorzeit, wenn der Schmied oder sonst einer einmal den Spruch bringt: »Respekt muß sein im Haus.«

Otto Ludwig, *Die Heiterethei und ihr Widerspiel*

Sonst fangen sie alle an einem zu fehlen.

Jerome D. Salinger, *Der Fänger im Roggen*

Durch alles, was er erfahren und beobachtet hatte, überzeugt, »daß man in einem großen Wirkungskreise zwar mehr schimmern, aber in einem kleinen mehr Gutes schaffen kann, widmete er sich mit Vergnügen und Eifer den öffentlichen Angelegenheiten dieser Republik; und solange Kritolaus und Agathon lebten, glaubten die Tarentiner nichts dadurch verloren zu haben, daß Archytas in eine bessere Welt gegangen war.

Christoph Martin Wieland, *Geschichte des Agathon*

Die Verbindung zweier Thürme macht jeden stärker, als er vorher war, es kömmt durch ihre Vereinigung noch eine neue dritte Kraft hervor, z. B. daß sie voneinander geschützt werden, doppelt angreifen u.s.w.

Wilhelm Heinse, *Anastasia und das Schachspiel*

Wer es las, der ist dumm!

Witold Gombrowiez, *Ferydurke*

Ich bin mir wirklich nicht sicher, was ich antworten soll.

Eric Ambler, *Mit der Zeit*

STILLE

Er schauderte und lag still.

Liam O'Flaherty, *Der Denunziant*

Er malte einen Rhombus auf sein Papier, und
alle waren lange still. Gisbert Haefs, *Und oben sitzt ein Rabe*

Durch die kleine weiße Stube ging auf leisen
Sohlen der Engel eines großen Glückes.

Ludwig Ganghofer, *Schloß Hubertus*

Schon aber regt sich das Gedächtnis, schon
sucht und sammelt Erinnerung in der unsicheren Stille des Niemandslands.

Siegfried Lenz, *Heimatmuseum*

Aber Alexanders Mund schwieg.

Klaus Mann, *Alexander*

Die Perlenschnüre müssen ihm genügen, die
er dreimal um den Hals legt, und dann läßt er
sie verrinnen; Löwe und Kind beieinander,
die die Muhmen immer trennen; der Genius

73

ohne Schlaf, auf bloßem Stein, mit Geduld
gekrönt, die nichts erwartet, die Ellenbogen
aufs Knie gestützt, die Wange an die Faust
gelehnt, schweigend dabei, seine offenkundi-
gen und seine geheimen Werke zu erfüllen, bis
der Schmerz erklungen ist, das Maß voll-
bracht und die Bilder von ihm treten in der
Blässe der Vollendung.

Gottfried Benn, Roman des Phänotyp

WORTE

Nicht ein einziges Wort. Saul Bellow, *Herzog*

So also, mitten in der Natur, auf dem Fluß, gab den Trauernden jene äußerste Liebe Worte in den Mund und in ihre Seelen, Worte, die sich an die Barmherzigkeit und das ewige Leben wandten und den Himmel um Huld anflehten – für die Toten wie für die Lebenden. Riccardo Bacchelli, *Die Mühle am Po*

Das Brausen hielt an und es tönte auf aus der Vermengung des Lichtes mit der Finsternis, aufgewühlt sie beide von dem anhebenden Klange, denn jetzt erst begann es zu klingen, und das Klingende war mehr als Gesang, war mehr als Leierschlag, war mehr als jeder Ton, war mehr als jede Stimme, da es alle zusammen und zugleich war, hervorbrechend aus Nichts und All, hervorbrechend als Verständigung, höher als jedes Verständnis, hervorbrechend als Bedeutung, höher als jedes Begreifen, hervorbrechend als das reine Wort, das es war, erhaben über alle Verständigung und Bedeutung, endgültig und beginnend, gewaltig und befehlend, furchteinflößend und beschützend, hold und donnernd, das Wort der Unterscheidung, das Wort des Eides, das reine Wort, so brauste es daher, brauste über ihn hinweg, schwoll an und wurde stärker und stärker, wurde so übermächtig, daß nichts mehr davor bestehen sollte, vergehend das All vor dem Worte, aufgelöst und aufgehoben im Worte, dennoch im Worte enthalten und aufbewahrt, vernichtet und neuerschaffen für ewig, weil nichts verlorengegangen war, weil das Ende sich zum Anfang fügte, wiedergeboren, wiedergebärend; das Wort schwebte über dem All, schwebte über dem Nichts, schwebte jenseits von Ausdrückbarem und Nicht-Ausdrückbarem, und er, von dem Worte überbraust und von dem Brausen eingeschlossen, er schwebte mit dem Worte, indes, je mehr es ihn einhüllte, je mehr er in den flutenden Klang eindrang und von ihm durchdrungen wurde, desto unerreichbarer und größer, desto gewichtiger und entschwebender wurde das Wort, ein schwebendes Meer, ein schwebendes Feuer, meeresschwer und meeresleicht, trotzdem immer noch Wort: er konnte es nicht festhalten, und er durfte es nicht festhalten; unerfaßlich unaussprechbar war es für ihn, denn es war jenseits der Sprache.

Hermann Broch, *Der Tod des Vergil*

ABEND / NACHT

Und nun wird es Abend. Knut Hamsun, *Segen der Erde*

Es wurde langsam dunkel, aber sie hatte es zu eilig, um jetzt aufzuhören und die Lampe anzuzünden, daher arbeitete sie weiter und klebte Papierstreifen auf Papierstreifen an seinen Ort, mit tiefer, mit frommer Konzentration, im durchdringenden Geruch des Kleistertopfes. George Orwell, *Eine Pfarrerstochter*

Und wie vor langer Zeit, als ich zum erstenmal die Schmiede verließ, der Morgennebel aufgestiegen war, so erhob sich jetzt der Abendnebel, und in all der Weite ruhigen Lichts, die er mir auftat, sah ich keinen Schatten einer erneuten Trennung von ihr.

Charles Dickens, *Große Erwartungen*
Edward Bulwer Lytton überredete Dickens im letzten Augenblick, seinem Roman ein happy ending zu geben und Pip mit Estella zu vereinen.

Die finstere Nacht und das ohrenbetäubende Geräusch der Grillen breiten sich nun wieder aus, über den Garten, die Terrasse und um das Haus herum.

Alain Robbe-Grillet, *Die Jalousie oder die Eifersucht*

Plötzlich verstummte das Lied der Grillen, eine schwere Wolke verdeckte den silbernen Mond und verfinsterte die Welt, ein Wind fuhr durch die Kronen der Bäume, raschelte in den Blättern, pfiff und brauste, die Sterne erloschen, der Himmel ward schwarz, und seine Schwärze leuchtete und öffnete sich mit einem Male, und ein starker und warmer Frühlingsregen rauschte die ganze Nacht auf Garten, Wiese und Wälder.

Hermann Kesten, *Der Scharlatan*

Und schon sah ich ihn, in der Nacht, seine Tochter in einen Mantel hüllen und mit ihr davonziehen zu neuen Abenteuern.

Henri Alain-Fournier, *Der große Meaulnes*

Der Mond sah zu, wie die drei dann die Wildnis hinter sich ließen und in die Stadt zurückkehrten. Ray Bradbury, *Das Böse kommt auf leisen Sohlen*

Und die Nacht blieb so lange, wie sie bleiben mußte. Paul Zech, *Peregrins Heimkehr*

Dennoch und für diese eine Nacht: etwas wie Glück.

Otto F. Walter, *Das Staunen der Schlafwandler am Ende der Nacht*

Ich wußte, er würde die ganze Nacht drüben bleiben, und er würde dasein, wenn Jem am Morgen erwachte. Harper Lee, *Wer die Nachtigall stört*

Manches haben wir an solchen Abenden erfahren, manches Bild stieg in uns auf und schien sich vor unsern Augen zu verwirklichen, und die es uns woben und malten, die uns ihre Sagen zuflüsterten, wir glauben, es waren – die Geister von Lichtenstein.

Wilhelm Hauff, *Lichtenstein*

BETT, SCHLAF UND TRÄUME

Dazu brauche ich noch nicht einmal aufzuste-
hen, ich kann hier liegenbleiben, in meinem
Winterbett,

in diesem Bett längst vergangener Leiden-
schaften und Ehebrüche, des Doppelmordes
und des einsamen Todes, diesem Bett mit dem
Abdruck eines Geheimnisses und eines Grauens, in dem ein rätselhafter einzigartiger Mörder lag,

ein Mörder, aber keiner von den Ordnungs-
wahrern, kein Spreizer einer großen roten
blonden Hand, keiner von den Hautabziehern
und Pensionären in Schleswig-Holstein, den
knochenbrechenden Familienvätern aus
Wien, den Aufknüpfern, Menschenschützen,

in diesem Bett der Winternächte, der Mond-
nächte und der dunklen Nächte, in dem ich
nun wieder liege, tief gebettet, obgleich es Tag
ist, liege und für immer liegenbleibe und
Tynset entschwinden lasse –, ich sehe es dort

hinten entschwinden, es ist schon wieder weit
weg, jetzt ist es entschwunden, der Name
vergessen, verweht wie Schall und Rauch, wie
ein letzter Atemzug –   Wolfgang Hildesheimer, *Tynset*

Auf einem schäbigen Bett in einer ärmlichen,
schlecht beleuchteten Schlafstube, von einer
unwissenden und erregten Menge umgeben,
gebrochen und verstümmelt, verraten und
unbeweint, beschloß dort Griffin, der erste
Mensch, der es verstand, sich unsichtbar zu
machen, Griffin, der genialste Physiker aller
Zeiten und aller Völker, sein seltsames und
schreckliches, tief unglückliches Leben.

H. G. Wells, *Der Unsichtbare*

Und sie zog ein zierliches Kabel mit einem
flachen Steckerchen aus sich heraus und schob
es in die Dose neben dem Bett.

Gerhard Mensching, *Die abschaltbare Frau*

Und er schlief ein.

Denis Diderot, *Jacques der Fatalist und sein Herr*

Alice ergab sich der zärtlichen Lüge und
schlief wieder ein.   Colette, *Duett*

Sein ernstes Gesicht war unverändert, und seine sonngebräunten Hände lagen offen auf dem Teppich, als ob er schlafe.

Carson McCullers, *Spiegelbild im goldnen Auge*

– Ich schlafe, ja, ich schlafe . . .

Vladimir Sorokin, *Die Schlange*

Da ich nun wußte, wie es stand, und nicht mehr von Befürchtungen und unsicheren Erwartungen aufgewühlt wurde, versank ich bald in einen tiefen Schlaf, den ersten, der mir seit mehreren Nächten beschieden war.

George Borrow, *Lavengro, der Zigeuner-Gentleman*

Von dir träumen darf ich immer.

Karl von Holtei, *Erlebnisse eines Livreedieners*

Ich hoffe, es geht ohne Träume.

Anthony Burgess, *Der Fürst der Phantome*

Das ist der älteste aller Träume, und den habe ich gerade gehabt.

Julian Barnes, *Eine Geschichte der Welt in 10 ¹/₂ Kapiteln*

HIMMEL

In der Leere des Himmelsrundes zerflossen und entschwanden einige ganz erstaunliche Gebilde, aufgekrauste weiße Windwolken, wie Segel unter dem Horizont.

Heimito von Doderer, *Ein Mord den jeder begeht*

Es [das Wasser] trug den Himmel, der sich darin spiegelte, mit sich fort und alle seine silbernen Sterne.　　Joseph Roth, *Die hundert Tage*

Und so standen sie eine Weile da, während Mr Case und Mr Nolan zu Mr Gorman blickten und Mr Gorman vor sich hin auf nichts Besonderes blickte, obwohl das Hinabgleiten des Himmels zu den Hügeln und das Hinabgleiten der Hügel zur Ebene ein so schönes Bild ergaben im frühen Morgenlicht, wie sich's einer nur wünschen kann, im Laufe eines Tages.　　Samuel Beckett, *Watt*

»Es ist mir, als könne ich nur noch loben und preisen und unserem Gott im Himmel Dank sagen für alles, was er uns getan hat.«

Johanna Spyri, *Heidi*

O Agnes, meine Seele, möge dein Antlitz neben mir sein, wenn ich mein Leben beschließe; möge ich dich, wenn die Wirklichkeiten der Erde vor mir verschwinden wie die Schatten, die ich nun entlasse, noch immer neben mir finden, mit der Hand zum Himmel deutend.

Charles Dickens, *David Copperfield*

REGEN

Die Baustelle des neuen Bahnhofs riecht stark nach feuchtem Holz: morgen wird es auf Bouville regnen.   Jean-Paul Sartre, *Der Ekel*

Und er spielte mit sich selbst eine Partie, schmunzelnd, von Zeit zu Zeit auf den leeren Stuhl gegenüber blickend und in den Ohren das sanfte Geräusch des herbstlichen Regens, der noch immer unermüdlich gegen die Scheiben rann.   Joseph Roth, *Radetzkymarsch*

Es regnete nicht.   Samuel Beckett, *Molloy*

Im Dunkeln hörte er auch besser, er hörte die Geräusche, die der lange Tag ihm verheimlicht hatte, das Geflüster von Menschen, zum Beispiel, und den Regen auf dem Wasser.
                Samuel Beckett, *Mercier und Camier*

Du wartest an der Place Clichy, daß der Regen aufhört zu fallen.   Georges Perez, *Ein Mann der schläft*

So rasch ich konnte, verließ ich ihn, erstaunt über meine eigene Unbesonnenheit, rannte durch den Regen zum Bahnhof, und kam dort zwar völlig durchnäßt an, aber den Zug hatte ich zum Glück nicht verpaßt.

Walter, *Viktorianische Ausschweifungen*

MEER

Ich wollte hinunter ans Meer.

Cesare Pavese/Bianca Garufi, *Das große Feuer*

Da er völlig erschöpft war und den Schmerz des Gehens nicht aushielt, rutschte er langsam bis ans Wasser vor und tauchte den Fuß ins Meer. Gabriele D'Annunzio, *Vielleicht – vielleicht auch nicht*

Kleines Seegevögel schwebte nun kreischend über dem noch aufgetanen Schlund; träge schlugen weiße Wogen gegen seine steilen Wände, dann sank alles zusammen, und das große Bahrtuch des Meeres flutete weiter, wie seit fünftausend Jahren. Herman Melville, *Moby Dick*

Blitze badeten die Buchten der Küste und das Meer in kalkiges Flackerlicht; als das Wasser in Rinnsalen über die Bullaugen des Clippers lief, schien es Juan Corte, als weine jemand.

Hanns Kneifel, *Lichter des Grauens*

Stolze, üppige Gesichter reicher Juden, von Wohlstand und Wohlleben geprägt, glühen in

feinen, erhellten Kabinen; die Türen werden
zugemacht, und das Schiff wird der Dunkelheit übergeben und dem Meer.

Thomas Wolfe, *Von Zeit und Strom*

und er rannte aus dem Park und durch die
Straßen, aus der Helligkeit der Sonne in die
Kälte der Schatten und taumelte und stolperte
immer weiter, bis er keine Luft mehr bekam
und blieb stehen und lehnte an einer Mauer
und so von Mauer zu Mauer aus Schatten in
Sonne aus Wärme in Kälte durch einen Tag,
der zeitlos war und die wilde Qual seiner Seele
zwang seinen Körper vorwärts und endlich
brach das Schluchzen sich Bahn und seine
Augen schwammen in Tränen, während er
der endlosen Straße bis zur Spitze der Insel
folgte, sich von dem Wissen vorwärtstreiben
ließ, daß es ihm endlich möglich sein würde,
die tobende Stimme in sich zum Schweigen zu
bringen und wenn er glaubte, jetzt könne er
nicht mehr weiter, hörte er die Stimme und
spürte die Gesichter hinter sich und er
schleppte sich weiter, bis er schließlich auf
einer Fähre stand, die das Wasser des Hafens
teilte, an deren Bug stand, im schneidend
kalten Wind und hinunterstarrte ins leuch-

tendgrüne Wasser, das sich in Schaum und Wirbeln vom Bug der Fähre abstieß und er begann in sich hinein zu kichern und dann zu lachen, als ihm aufging, wie einfach alles sein würde und er lachte lauter und lauter und die wenigen Leute an Deck und die in ihren Wagen Sitzenden sahen ihn an und runzelten die Stirn oder lächelten und er lachte immer weiter, während er auf die Reling des Fährschiffes kletterte und die Leute sahen dem erst schweigend, dann schreiend zu und er streckte beide Arme zur Seite wie ein Vogel seine Flügel und beugte sich vor und langsam langsam langsam immer weiter vor, bis er fiel und sein kreuzgleiches Spiegelbild und seinen Schatten durchbrach, als er auf dem kalten Wasser aufschlug und der Schreck lähmte ihn für einen Augenblick und dann begann er unwillkürlich sich zu bewegen, um sich nach oben, zur Oberfläche zu kämpfen doch das Gewicht seiner dicken nassen Kleider und die Kraft der saugenden Strudel rissen ihn tiefer und tiefer hinab ins kalte Dunkel und für den Bruchteil eines Augenblicks hörte er auf sich zu wehren und hing bewegungslos, als die Wahrheit seines Lebens abrupt vor ihm stand und er starrte eine kurze unendlich lange

Sekunde auf diese Wahrheit, dann öffnete sich sein Mund in einem Schrei, doch es gab keinen Laut und sein Mund hing offen, als sein letzter Lebenshauch in kleinen Blasen aus dem kalten Dunkel zum sonnenwarmen Wasserspiegel aufstieg und unbemerkt und lautlos ins Meer hinausgetragen wurde.

Hubert Selby, *Der Dämon*

Die Wellen brachen sich am Ufer.

Virginia Woolf, *Die Wellen*

SCHIFFE

Er schlenderte auf das Boot zu, als sei nichts geschehen. Alfred Andersch, *Sansibar oder der letzte Grund*

Und schließlich gelangten wir zum Hafen, wo unsere Schiffe lagen.

François Rabelais, *Gargantua und Pantagruel*

Einen Tag nach dem Boot kam das Kriegsschiff der römischen Wölfin, und es begann die Zeit Hasdrubals: die Stunde des Bocks.

Gisbert Haefs, *Hannibal*

Er wandte sich ab, um ihnen Gelegenheit zu geben sich zusammenzureißen, und er wartete, und seine Augen blieben an dem stolzen Kreuzer in der Ferne haften.

William Golding, *Herr der Fliegen*

INSELN

Wir schenkten ihm bei unserer Abreis einen englischen Brillen, damit er Feur von der Sonnen anzünden könnte, welches auch das einzige war, so er von uns bittlich begehrt; und ob er zwar sonst nichts von uns annehmen wollte, so hinterließen wir ihm doch eine Axt, ein Schaufel, ein Hau, zwei Stück baumwollen Zeug von Bengala, ein halb Dutzet Messer, eine Scher, zween küpferne Häfen und ein Paar Kaninchen, zu probiern, ob sie sich auf der Insul vermehren wollten, wormit wir dann einen sehr freundlichen Abschied voneinander genommen; und halte ich diese Insul vor den allergesündesten Ort in der Welt, weil unser Kranke innerhalb fünf Tagen alle miteinander wiederum zu Kräften kamen und der Teutsche selbst die ganze Zeit, so er daselbst gewesen, von Krankheit nichts gewahr worden. Hans Jakob Christoffel von Grimmelshausen, *Der abenteuerliche Simplicissimus Teutsch*

Und manchmal, wenn ich die Kings Road hinunterspaziere oder vormittags gemütlich meinen Espresso trinke – nicht, daß ich mir dann wirklich alt vorkomme, aber doch ganz bürgerlich und erwachsen – und mir zufällig die Insel in den Sinn kommt, halte ich plötzlich die unwahrscheinlichsten Dinge für möglich.

Muriel Spark, *Robinson*

VIELVERSPRECHENDES

Die Luft war milde, es sah aus, als wollte es
noch heute Frühling werden.

Leo Perutz, St. Petri-Schnee

Und da erblickte er die Schwester von Grego-
ry, das Mädchen mit dem goldroten Haar, die
Flieder vor dem Frühstück pflückte – mit all
der großen unbewußten Würde eines Mäd-
chens.   Gilbert Keith Chesterton, Der Mann, der Donnerstag war

»Lady, ich habe alle Zeit der Welt«, sagte ich,
und ein einzelner seltsamer Ton der Freude,
wiedergewonnene Hoffnung, lärmte mir in
den Ohren, als ich ihn aussprach, diesen
verwegenen Satz.   Paul Theroux, Saint Jack

Und sie schrie gellend wie ein Vogel, es war
ein Jubelschrei, den man weithin über den
Wald hörte.   Astrid Lindgren, Ronja Räubertochter

Woher sollte sie auch wissen, was dieser Satz
für sie und mich war: – Der Anfang –

Norbert Eberlein, Seidenmatt

»Gut«, sagte sie, »ich nehme den Räuber.«

Frieder Faist, *Nebenrollen*

»Wahrscheinlich hast du englisches Blut.«

Julian Barnes, *Darüber reden*

Der Schwimmer tanzte noch wilder als zuvor, und mit einem Grinsen im Gesicht begann Arthur die Leine einzuholen.

Alan Sillitoe, *Samstagnacht und Sonntagmorgen*

Mozart wartete auf mich.

Hermann Hesse, *Der Steppenwolf*

Wir haben für das »Andechser Gefühl« vom Kuratorium Junger Deutscher Film 80 000 Mark bekommen, was stimmt.

Herbert Achternbusch, *Die Stunde des Todes*

Neugierig bin ich auf die Bekanntschaft mit Caloub. André Gide, *Die Falschmünzer*

Unlängst hat er das Kreuz der Ehrenlegion bekommen. Gustave Flaubert, *Madame Bovary*

Zur Erinnerung an den vielversprechenden letzten Satz von Heinrich von Kleists verschollenem Roman.

BERUFE

Und als am Fest der Heiligen Drei Könige der nackte Leib einer bekannten Opernsängerin im Schlafzimmer eines Professors für angewandte Mathematik an der Universität Cambridge entdeckt wurde (lebend), atmete die Welt erleichtert auf und war wieder, was sie immer gewesen ist: eine ziemlich mißglückte Art von Aufenthalt.

Bruce Marshall, *Das Wunder des Malachias*

Dazu kam sodann, daß ihr Oheim der berühmte Professor Otto Lidenbrock war, correspondirendes Mitglied aller wissenschaftlichen, geographischen und mineralogischen Gesellschaften der ganzen Welt.

Jules Verne, *Reise nach dem Mittelpunkt der Erde*

Ein Dienstmann öffnete den Schlag, und ich mußte mich um mein Gepäck kümmern.

François Mauriac, *Das Gewand des Jünglings*

Als der erste Polizeibeamte durch das zerbrochene Fenster griff, um die Verriegelung zu

lösen, war der Sessel unwiderruflich durch-
tränkt. Julian Barnes, *Vor meiner Zeit*

Dir als getreuem Advokaten und Notar sei sie
[die Handschrift] anvertraut.

Gerhard Mensching, *E.T.A. Hoffmanns letzte Erzählung*

Er wurde zum Tode verurteilt und aufge-
hängt, in Anwesenheit und unter dem Beifall
einer großen Menge von Kleingewerbetrei-
benden, Nähmädchen, invaliden Soldaten,
Bettlern. Bertolt Brecht, *Dreigroschenroman*

Sie verglichen seine Regierung mit derjenigen
der Großherzöge von Toskana.

Stendhal, *Die Kartause von Parma*

Mit diesen Leuten habe ich gleichsam alle
Winckel Europae seithero unterschiedlichmal
durchstrichen und sehr viel Schelmenstück
und Diebsgriffe ersonnen / angestellt / und ins
Werk gerichtet / daß man ein gantz rieß
Papier haben müste / wann man solche alle
miteinander beschreiben wolte / Ja ich glaube
nicht / daß man genug damit hätte; und eben
dessentwegen habe ich mich mein Lebtag über
nichts mehrers verwundert / als daß man uns

in den Ländern gedultet / Sintemahl wir
weder Gott noch den Menschen nichts nützen
noch zudienen begehren / sondern uns nur mit
Lügen / Betriegen und Stehlen genähret; bey-
des zu schaden des Land-Mans als der grossen
Herren selbst / denen wir manches stück Wild
verzehren; Ich muß aber hiervon schweigen /
damit ich uns nicht selbst einen bösen Rauch
mache / und vermeine nunmehr ohnedas dem
Simplicissimo zu ewigen Spott genugsam
geoffenbahrt zuhaben / von waserley haaren
seine Beyschläfferin im Sauerbrunnen gewes-
sen / deren Er sich vor aller Welt so herrlich
gerühmet / glaube auch wol daß Er an andern
orthen mehr / wann Er vermeint / Er habe
eines schönen Frauen-Zimmers genossen / mit
dergleichen Frantzäsischen Huren: oder wohl
gar mit Gabel-Reüterinnen betrogen: und also
gar des Teüffels Schwager worden sey.

Hans Jakob Christoffel von Grimmelshausen,
Lebensbeschreibung der Ertzbetrügerin und Landstörtzerin Courasche

VISIONEN

Ja, dachte sie, in äußerster Erschöpfung den Pinsel weglegend, ich habe sie gehabt, meine Vision.

Virginia Woolf, *Die Fahrt zum Leuchtturm*

Ihre Augen waren schon ganz der Vision zugewandt, die die Toten in Ewigkeit erschauen.

Julien Green, *Leviathan*

Und diese beiden Seelen, tragisch verschwistert, entschwebten, und der Schatten der einen verschmolz mit dem Lichte der anderen.

Victor Hugo, *Dreiundneunzig*

Ihm ist, als spanne sein Wesen sich in die Unendlichkeit.

E. G. Kolbenheyer, *Amor Dei*

Scharf warf er den Kopf herum, schloß die Lider und schaute innen mit immer wachsendem Entzücken – Adirah und Sorokarte!

Carl Sternheim, *Europa*

Ich starre weiter; es wird schwächer und flackert dann seinerseits, und auf seine stillere Art, ebenfalls aus.

Julian Barnes, *Metroland*

Es ist ein Teil des Martyriums, das ich um der
Wahrheit willen erleide, daß es Zeiten geisti-
ger Schwäche gibt, wo Würfel und Kugeln in
den Hintergrund einer kaum möglich schei-
nenden Existenz verschwinden; wo das Land
der Drei Dimensionen beinahe so visionär
scheint wie das Land der einen oder keinen –
ja, wo selbst diese harte Mauer, die mich von
meiner Freiheit trennt, selbst die Tafeln, auf
denen ich schreibe, und die ganze substantielle
Realität von Flächenland nur das Erzeugnis
einer kranken Phantasie erscheint, das grund-
lose Gewebe eines Traums.

Edwin A. Abbott, Flächenland

METAPHORISCHES

Sie machten ein unerwartetes Geräusch wie ein mit Flüssigkeit gefülltes Gefäß, das auf die Seite gelegt worden war und nun langsam auslief.

Jamaica Kincaid, Annie John

Und dort kam alles, was ich in mir hatte, wie eine Flutwelle hoch, und ich erbrach mich.

Flann O'Brien, Das harte Leben

Genau wie diese Wogen – die Welle schäumt, entschwindet und wird aufs neue aus sich selbst geboren.

Tschingis Aitmatov, Der Richtplatz

Krank vor Liebe zum Unabhängigen Theater, hing ich an ihm wie der Käfer am Korken und besuchte abends die Vorstellungen.

Michail Bulgakov, Aufzeichnungen eines Toten

Er braucht nicht solch verschlungene Wege zu gehen, um ein Recht, das sich ihm hindernd entgegenstellt, zu seinen Gunsten umzubiegen . . .

Oskar Maria Graf, Der harte Handel

»Dort ist der Grund, auf dem die Pfeiler dieser Erde ruhn, – der Hort des Weltgewissens . . . Ein Wind erhebt sich, und die Ströme fließen.« Thomas Wolfe, *Es führt kein Weg zurück*

So regen wir die Ruder, stemmen uns gegen den Strom – und treiben doch stetig zurück, dem Vergangenen zu. F. Scott Fitzgerald, *Der große Gatsby*

In diesem Augenblick kommen mir so viele fundamentale Gedanken, so viele wahrhaft metaphysische Dinge möchte ich mitteilen, daß ich auf einmal müde werde und die Entscheidung fälle, nicht weiterzuschreiben, nicht weiterzudenken, sondern geschehen zu lassen, daß mir das Ausdrucksfieber Schlaf schenkt und ich mit geschlossenen Augen all das, was ich gesagt haben könnte, wie eine Katze streichele. Fernando Pessoa, *Das Buch der Unruhe*

Er hingegen war erwacht; und wenn ihn auch der bange und süße Wahn des Lebens noch wie dünner Nebel umflorte und nur zuweilen zerriß und unsterbliche Gipfel entschleierte, ging er doch froh und in Zuversicht auf seiner Bahn wie einer, den unsichtbare Götter führen. Ricarda Huch, *Michael Unger*

Ihrem Willen gemäß habe ich es aus dem Nachlaß wiedererhalten und den andern Texten dazugefügt, um noch einmal die alten grünen Pfade der Erinnerung zu wandeln.

Gottfried Keller, *Der grüne Heinrich*

Alle Augen und Gesichter wendeten sich mir zu, und, indem ich mich wie an einem Zauberfaden von ihnen leiten ließ, betrat ich den Raum.

Sylvia Plath, *Die Glasglocke*

Der Tote war ihm [dem Wasser] nichts als eine Last, die es achtlos in seinen Tiefen begrub.

John Henry Mackay, *Der Schwimmer*

Bertram und Romanus, freudig auf und nieder ziehend durch die Länder, schlangen, als edle Boten Gruß und Kunde bringend, das Band der Liebe und Freude in immer frischen Blüthen von Toscana nach Island hinauf, von Island nach Toscana zurück, um die Familie, und jedesmal, wenn Sänger und Kaufherr sich nahten, gab es ein Jubelfest, und die finstre Trennung mit ihren starren Weiten war fröhlich besiegt.

Friedrich de la Motte Fouqué, *Die Fahrten Thiodolfs des Isländers*

Rote Strahlen zuckten an ihm [dem Himmel]
empor wie Blutspritzer, und der salzige See-
wind trieb uns die Asche entgegen.

Daphne du Maurier, Rebecca

Ach, hier liegt, zum warnenden
    Exempel,
Ein Poet, der hohen Ruhm erwarb,
Aber auf dem Weg zu Famas Tempel
Hungers starb. A. E. Brachvogel, *Friedemann Bach*

Da wird nur sein
ein All,
all-eins.   Klabund, *Franziska*

Mit dem Leben eines edelmüthigen, aber
feurigen und romantischen Monarchen schei-
terten alle Pläne, die sein Ehrgeiz und sein
Edelmuth gebildet hatte, und auf ihn lassen
sich mit geringer Veränderung die Verse
anwenden, welche Johnson auf Karl den
Zwölften von Schweden dichtete:

    Entschieden ward sein Loos auf
        fremdem Strand
    Durch eine kleine Burg und *niedre*
        Hand;
    Erschrocken staunt die Welt den
        Namen an,

Stoff gibt er zur Moral und zum
  Roman.   Walter Scott, *Ivanhoe*

Nun verstummen nie die Töne,
Lautenklang mein ganzes Leben,
Herz verklärt in schönster Schöne,
Wundervollem Glanz und Weben
  Hingegeben.
           Ludwig Tieck, *Franz Sternbalds Wanderungen*

STÄDTE

Die Stadt schwillt wie ein Stinkpilz auf und platzt.
Max Hermann-Neiße, Cajetan Schaltermann

Wenn wir zur Stadt kommen.
Ray Bradbury, Fahrenheit 451

Er ging, einer von vielen, im Zwielicht der frühen Morgendämmerung einer Stadt entgegen, die ihm sonderlich vertraut war, obwohl er sich nicht erinnern konnte, sie schon früher einmal betreten zu haben.
Hermann Kasack, Die Stadt hinter dem Strom

[»]Morgen gehe ich nach Paris.«
Charles Sealsfield, Morton oder die große Tour

Von den Kirchtürmen zu Paris erklangen zwölf Glockenschläge; aber es hörte auf zu schneien, und am andern Tag schien eine kalte Sonne.
Carlos Fuentes, Terra nostra

Bald danach hatte Rudolf mit seiner Tochter Paris für immer verlassen.
Eugène Sue, Die Geheimnisse von Paris

Im Fjord draußen richtete ich mich einmal auf, feucht von Fieber und Mattigkeit, sah zum Lande hinüber und sagte für dieses Mal der Stadt Lebewohl, der Stadt Kristiania, wo die Fenster so hell in allen Häusern leuchteten.

Knut Hamsun, *Hunger*

Dennoch – mit dem Problem beschäftigt, das die Möglichkeit bietet, ein intransitives Verb in ein transitives zu verwandeln, ging ich durch das effektvolle Licht, mit welchem die Stadtverwaltung Roms ihre Monumente anstrahlen läßt, die Spanische Treppe hinab, verschwand um die Ecke, wo sich der in jener Nacht bereits geschlossene Zeitungsstand befindet, in die Dunkelheit der Via Borgonona, und betrat, nach wenigen Schritten, mein Hotel.

Alfred Andersch, *Efraim*

Wir wollen tanzen, tanzen, auch dann, wenn Rom brennt.

Lawrence Durrell, *Numquam*

San Gimignano überflog der Pilot, die dreizehn Burgtürme, und ganz klein, in der Ferne, sah er, schwarz und weiß gestrichelt, den marmornen Glockenturm von Siena, sah hügelauf hügelab die Welle der Bauten Sienas, und, von spitzen Zinnen bestückt, wie das schlank erigierte Glied der Stadt, den Turm des Palazzo Pubblico; der Pilot – ungenau, weil umfassend – dachte so über das Chianti hin, nahm dann vor Siena Kurs nach Westen, dorthin, wo die Hafenstadt Livorno liegt, in Richtung des ligurischen Meeres also, über das, lange vor den Amerikanern und ihrer Mittelmeerflotte, auch Pisa, die Stadt mit dem ungeheuer schiefen Turm, einmal, und fast unumstritten, geherrscht hatte.

Hans Pleschinski, *Nach Ägyppten*

»Muß es wohl sein«, sagte ich, ging die Gangway hinunter, an einem Kriminalbeamten vorbei, und bestieg den Zug nach Dublin.

Brendan Behan, *Borstal Boy*

Sie fuhr weiter und beobachtete ihn im Rückspiegel, wie er über die Straße ging, stehenblieb und eines der vielen Autos voll heimkehrender Trauergäste anzuhalten versuchte, die an ihm vorbei New York zustrebten.

Mary McCarthy, *Die Clique*

In diesem Augenblick tat Guiseppe Verdi die Stadt Venedig von sich und alles, was ihr angehörte.

Franz Werfel, *Verdi. Roman der Oper*

Wo dieser Tote jetzt hingehörte, wußten die Vertrauten, auch ohne daß ein Testament es befahl: Alfred Dorn mußte in Berlin beerdigt werden; in dem Grab, dem das Lamm fehlt.

Martin Walser, *Die Verteidigung der Kindheit*

VATERLÄNDER

Grüß dich, Deutschland, aus Herzensgrund!

Eckhard Henscheid, Die Mätresse des Bischofs

»Er war einer derjenigen«, verkündete er
[Hitler] mit bewegter Stimme, »welche die
von mir vollzogene Ausgestaltung des Neuen
Deutschland seelisch eingeläutet haben.«

Lion Feuchtwanger, Die Brüder Lautensack

Ist es heutzutage möglich, daß irgend jemand
in Deutschland seine rechte Hand erhebt, aus
welchem Grund auch immer, und nicht von
der Erinnerung an einen Traum überflutet
wird, der allen Träumen ein Ende setzte?

Walter Abish, Wie deutsch ist es

Ein einsamer Mann faltet seine Hände und
spricht: Gott sei euerer armen Seele gnädig,
mein Freund, mein Vaterland.

Thomas Mann, Doktor Faustus

Möchte Neu-Schweizerland dereinst so kräf-
tig und so glücklich erblühen, wie du [Alt-

Schweizerland] geblüht hast in meiner Jugendzeit: fromm, freudig und sein eigen! – –

Johann David Wyss, *Der schweizerische Robinson*

Mögen denn die Früchte ihres Strebens und Schaffens auf bessere Weise der weiteren Steigerung der Wirtschafts- und Verteidigungsmacht des sozialistischen Vaterlandes dienen, dem Wachstum des Wohlstandes der Sowjetmenschen.

Vladimir Sorokin, *Marinas dreißigste Liebe*

Und all das, dieses ganze Ausland, euer ganzes Europa, das ist alles nur Phantasiegebilde, und wir alle sind im Ausland nur Phantasiegebilde ... denken Sie an meine Worte, Sie werden es selbst sehen!« schloß sie fast zornig, als sie von Jewgenij Pawlowitsch Abschied nahm.

Fedor M. Dostoevskij, *Der Idiot*

ZUKÜNFTIGES

Der Ruf meines Vaters, den er sich als ein geschickter Sterndeuter zuwege brachte, zog ihm zahlreiche Anfragen und Besuche, selbst aus entlegneren Ländern zu, und da das Vorwissen der Zukunft den Menschen eine sehr seltne und köstliche Gabe dünkte, so glaubten sie ihre Mitteilungen gut belohnen zu müssen, so daß mein Vater durch die erhaltenen Geschenke in den Stand gesetzt wurde, die Kosten seiner bequemen und genußreichen Lebensart hinreichend bestreiten zu können.

Novalis, Heinrich von Ofterdingen

Im Grunde seines Herzens weiht der kleine Dingsda seinen blauen Schmetterlingen eine letzte Träne, dann, den Bogen in beiden Händen – los, kleiner Dingsda, sei ein Mann! –, liest er mit lauter, fester Stimme dies Ladenschild vor, auf dem seine Zukunft mit Buchstaben so groß wie ein Fuß geschrieben steht:

PORZELLAN
und
KRISTALL
vorm. HAUS LALOUETTE
EYSSETTE & PIERROTTE
NACHFOLGER

Alphonse Daudet, *Der kleine Dingsda*

Wie diese neue Periode seines Lebens enden wird, wird die Zukunft zeigen.

Lev Tolstoj, *Auferstehung*

Was immer es sein mochte, er wußte nun, daß alles gut sein werde. Aldous Huxley, *Geblendet in Gaza*

Ob ich es nun in der Wissenschaft, der ich nie abtrünnig werden wollte, weit werde bringen können, ob mir Gott die Gnade geben wird, unter den Großen derselben zu sein, das weiß ich nicht; aber eines ist gewiß, das reine Familienleben, wie es Risach verlangt, ist gegründet, es wird, wie unsre Neigung und unsre Herzen verbürgen, in ungeminderter Fülle dauern, ich werde meine Habe verwalten, werde sonst noch nützen, und jedes, selbst das wissenschaftliche Bestreben hat nun Einfachheit, Halt und Bedeutung.

Adalbert Stifter, *Der Nachsommer*

Und seien sie gewiß: Unsere Enkel und Uren-
kel werden Ihnen Ihre vorausschauende Entscheidung ebenso danken! Hermann Kinder, *Ins Auge*

Anfangs plante ich, wieder zu ihm zu fahren,
auf seinen Wunsch aber änderte ich diesen
Entschluß, und er ist zu mir nach England
gekommen, wo wir den Rest unseres Lebens
in aufrichtiger Reue über unsere schlimme
Vergangenheit verbringen wollen.

Daniel Defoe, *Moll Flanders*

Doktor Loßka wird einen guten Urlaub haben. Hermann Broch, *Die unbekannte Größe*

Ich glaube, sie werden ihren verschollenen
Agenten irgendwo zwischen dem Atlas und
dem Niger suchen.

Geoffrey Household, *Einzelgänger, männlich*

Der Reisende dachte wieder, daß er in drei
Stunden längst an Land sein würde.

Alain Robbe-Grillet, *Der Augenzeuge*

»Mich fängt kein Kiowa wieder, wenn ich
mich nicht irre!« – – Karl May, *Winnetou I*

Nicht die Augen des Propheten noch die Scheiterhaufen der Inquisition noch den abgeschlagenen Kopf des Tiradentes noch den mittelalterlichen Krieger noch die Astartepriesterin noch Habakuk noch Elieser noch Naemi noch einen der Essener, der Alten oder der Neuen; weder Maimonides noch Saladin noch Bandarra noch Columbus noch den Großinquisitor noch Alfonso Sanches; weder den Häuptling noch das Täubchen noch die Indianer; weder Bento Teixeira noch Vincente Nunes noch Joseph de Castro; noch Frans Post; noch Felipe Royz; weder Manoel Beckmann noch João Felipe Bettendorf noch Maria de Freitas noch Gracia Tapanhuna; weder Alvaro de Mesquita noch Zambi noch M'bonga noch die Bewohner des Quilombos; weder Bartolomeu Lourenço de Gusmão noch Barbara Santos noch Pedro Telles; weder Diogo Henriques noch Isabel Henriques; noch den blinden Bandeirante; noch Garibaldi noch Anita; weder Frau Doktor Debora noch Mikrobe noch Doktor Saturnino noch den Journalisten vom *Alerta* noch Padre João de Buarque noch Sepé Tiaraju; noch irgendeinen der vielen Rafael Mendes, die unter der Erde liegen als Knochen und Staub, Staub und

Knochen; nichts von alledem wird er sehen; sondern einen kleinen Jungen in einem Matrosenanzug, der ihn lächelnd beobachtet und zwischen den Zweigen des Lebensbaums hervorschaut. Moacyr Scliar, *Das seltsame Volk des Rafael Mendes*

Lemuel ist der Verantwortliche, er hebt sein Handbeil, an dem das Blut nie trocknet, aber nicht, um jemanden zu erschlagen, er wird niemanden erschlagen, er wird niemanden mehr erschlagen, er wird niemanden mehr berühren, weder mit ihm noch mit ihm noch mit noch mit noch

noch mit ihm noch mit seinem Hammer noch mit seinem Stock noch mit seinem Stock noch mit seiner Faust noch mit seinem Stock noch mit noch in Gedanken noch im Traum ich meine niemals er wird niemals berühren

noch mit seinem Bleistift noch mit seinem Stock noch

noch Lichter Lichter ich meine

niemals das ist es er wird niemals berühren

niemals berühren

das ist es niemals

das ist es das ist es

nichts mehr

Samuel Beckett, *Malone stirbt*

Wir werden dann leichteren Herzen am Ofen
sitzen, werden leichteren Herzens die Asche
von unseren Feuern grau und kalt werden
sehen.

Charles Dickens, *Harte Zeiten*

»Ihr seid noch jung«, erwiderte Athos, »und
Eure bitteren Erinnerungen haben Zeit, sich
in süße Erinnerungen zu verwandeln.«

Alexandre Dumas, *Die drei Musketiere*

Wenigstens würde ich, wenn mir noch Kraft
genug bliebe, um mein Werk zu vollenden, in
ihm die Menschen (und wenn sie daraufhin
auch wahren Monstren glichen) als Wesen
beschreiben, die neben dem so beschränkten
Anteil an Raum, der für sie ausgespart ist,
einen im Gegensatz dazu unermeßlich ausge-
dehnten Platz – da sie ja gleichzeitig wie
Riesen, die, in die Tiefe der Jahre getaucht,
ganz weit auseinanderliegende Epochen strei-
fen, zwischen die unendlich viele Tage ge-
schoben sind – einnehmen in der ZEIT.

Marcel Proust, *Auf der Suche nach der verlorenen Zeit*

TIERE

Es ist ein liebes, gutes, braves Mistvieh.
gez. Josef Reithofer
Mistvieh

Ödön von Horvath, *Der ewige Spießer*

Draußen jagten die Eulen mütterlich besorgte Nagetiere und ihre flaumige Nachkommen-schaft. Evelyn Waugh, *Der Knüller*

Jetzt werden alle Rohrdommeln singen.

Gabriel García Márquez, *Laubsturm*

Dort erzählte sie den jungen Bienen, die gerne lauschten, die Geschichten, die wir mit ihr erlebt haben. Waldemar Bonsels, *Die Biene Maja*

Als sie den Sarg niedersetzten, sprang ein Leguan heraus und schoß über den Felsen.

James M. Cain, *Serenade in Mexiko*

»Wie ein Hund!« sagte er, es war, als sollte die Scham ihn überleben. Franz Kafka, *Der Prozeß*

Er [ein Hund] legte sich nieder, seine Augen blutunterlaufen, sein Kopf flach über ihren Knien ausgestreckt.   Djuna Barnes, *Nachtgewächs*

Rollo, der bei diesen Worten aufwachte, schüttelte den Kopf langsam hin und her, und Briest sagte ruhig: »Ach, Luise, laß . . . das ist ein *zu* weites Feld.«   Theodor Fontane, *Effi Briest*

»Wuff, wuff, wuff!«   Henry Miller, *Sexus*

Der Kater wusch sich in der Sonne.

Bruno Schulz, *Die Zimtläden*

Eine Katze habe sie verraten – sie sei bei ihr gewesen im Zimmer und habe tags darauf miauend und an die Tür kratzend veranlaßt, daß man aufmachte.   Cesare Pavese, *Die einsamen Frauen*

Der Darsteller der Schildkröte: Synthetische Authentizität.

Helmut Heißenbüttel, *Projekt Nr. 1. D'Alemberts Ende*

TÜREN

Doch an der Tür, wohin ich sie begleitet hatte, wandte sie sich um und sagte mit fester Stimme: »Peter Iwanowitsch ist ein Erleuchteter.«   Joseph Conrad, *Mit den Augen des Westens*

(Dabei hatte ich leedicklich meine Haustür= Lampe angeknipst.) Arno Schmidt, *Kaff auch Mare Crisium*

Aber als plötzlich die Tür aufging und eine Menge fremder, lärmender Menschen in das Zimmer strömte, bewegten sich Hedys Augenwimpern nicht mehr.   Ernst Weiß, *Franziska*

Während er zur Tür ging, fühlte er sich wieder sicherer auf den Beinen, und als er ins Lokal zurückkam, war er wieder so weit, daß er nüchtern und gelassen dem neuen Tag entgegensah. Carson McCullers, *Das Herz ist ein einsamer Jäger*

Der Ort, ich werde ihn doch machen, ich werde ihn in meinem Kopf machen, ich werde ihn aus meinem Gedächtnis hervorziehen, ich werde ihn an mich ziehen, ich werde mir einen Kopf machen, ich werde mir ein Gedächtnis machen, ich brauche nur zu lauschen, die

Stimme wird mir alles sagen, alles was ich benötige, sie hat es mir schon gesagt, sie wird es mir nochmal sagen, alles was ich benötige, tropfenweise, um Atem ringend, es ist wie eine Beichte, eine letzte Beichte, man glaubt, sie sei zu Ende, dann geht es wieder los, es waren der Sünden so viele, das Gedächtnis ist so schlecht, die Worte kommen nicht mehr, die Worte machen sich rar [. . .] ich kann nicht weitermachen, man muß weitermachen, ich werde also weitermachen, man muß Worte sagen, solange es welche gibt, man muß sie sagen, bis sie mich finden, bis sie mir sagen, seltsame Mühe, seltsame Sünde, man muß weitermachen, es ist vielleicht schon geschehen, sie haben es mir vielleicht schon gesagt, sie haben mich vielleicht bis an die Schwelle meiner Geschichte getragen, vor die Tür, die sich zu meiner Geschichte öffnet, es würde mich wundern, wenn sie sich öffnete, es wird ich sein, es wird das Schweigen sein, da wo ich bin, ich weiß nicht, ich werde es nie wissen, im Schweigen weiß man nicht, man muß weitermachen, ich werde weitermachen.

Samuel Beckett, Der Namenlose

(Der letzte Satz von Becketts Roman nimmt sieben Seiten ein. Hier sind nur die ersten und letzten Zeilen wiedergegeben.)

RÄTSEL

Er sprach die Worte, die ich bei allem Nach-
denken nicht ergründen konnte, als wären sie
das Rätsel der Sphinx: »Der Herr Doktor weiß
nichts von den Menschen.«

William Golding, Freier Fall

Dieser bekannte Ausspruch stammt am ehe-
sten von (nur einmal ankreuzen):
(a) Vince Lombardi. (b) Mary, Königin der
Türkei. (c) V. (wie Viktor)
Daniel.

David M. Pierce, Down in the Valley

*Meine Leser glauben zu wissen, was dieses Opfer
sei; aber ich schwöre ihnen auf meine Ehre, sie irren
sich, das höchste Opfer ist nicht das heilige Liebes-
werk* – ich kenne es allein, und wenn ich
aufgehört habe, zu staunen und zu verehren,
will ich dieses *höchste Opfer des Weibes* bekannt
machen.

Clemens Brentano, Godwi oder Das steinerne Bild der Mutter

Hollfeld hat Odenberg verkaufen lassen, und
niemand weiß, in welchem Winkel der Erde er

über das Scheitern aller seiner Anschläge und
Pläne grollt.   Eugenie Marlitt, *Goldelse*

GUTE IDEEN

»Wir wollen nach Hause gehen.«

Theodor Fontane, *Frau Jenny Treibel*

»Gehen wir, wohin du willst«, sagte Ginia, »du sollst mich führen.« Cesare Pavese, *Der schöne Sommer*

»Wir können unterwegs bei Marcini eine Pause für ein kleines Nachtmahl einlegen.«

Arthur Conan Doyle, *Der Hund der Baskervilles*

Ich versuchte, ruhig zu atmen.

Frank Schulz, *Kolks blonde Bräute*

Immer sachte, wissen Sie, dann klappt's, mein Sohn. Vladimir Nabokov, *Durchsichtige Dinge*

Am besten, wir stehen auf und ziehen die Mäntel an; dann kommen sie [die Ober] schon. Hans Erich Nossack, *Dem unbekannten Sieger*

Sie umarmten einander und nahmen sich für den Rest des Tages frei. William Steig, *Doktor De Soto*

Er nahm den Roman zur Hand, den Fräulein Poski auf seinem Schreibtisch hatte liegen lassen, und machte es sich bequem, die völlige Verbrennung seiner Geliebten abzuwarten.

Evelyn Waugh, *Tod in Hollywood*

Bitte die Anteilscheine rasch zu zeichnen, p. A. Oberbürgermeister, Stadthaus, London, wo Einzahlungen für mich entgegengenommen werden, bis ich die Gesellschaft ins Handelsregister eintragen lassen kann.

Samuel Butler, *Erewhon*

HÄNDE

Sobald sie ihre Kräfte wieder gesammelt hatten, richteten sie sich auf, reichten einander von neuem die Hände und schritten weiter.

Thomas Hardy, *Tess von den d'Urbervilles*

Als das Gehoffte oder Gefürchtete nicht geschah – er ist ja doch ein Bauer, dachte die Dame –, ergriff sie die Hand des Grafen.

Albert Paris Gütersloh, *Sonne und Mond*

Obwohl ein gewisses komisches Element in diesem Auftritt mir immer noch spürbar war, war dies doch ein Augenblick, in dem alle Distanz aufgegeben werden mußte, und so erwiderte ich den Druck seiner Hände.

William Golding, *Die Eingepferchten*

Wie ich die Zügel in die Hand genommen habe, sagt offenbar allen zu.

Joseph Heller, *Was geschah mit Slocum?*

Von der Hand des Volkes.

Jorge Amado, *Tieta aus Agreste*

Er fühlt es selbst und sagt oft, er »rüste sich,
das alles zu verlassen, rüste sich, das alles zu
verlassen . . .«, während er traurig mit der
Hand auf die Schmetterlinge zeigt.

Joseph Conrad, *Lord Jim*

Und für Mrs. Malone, die mit vollem Glas in
der Hand dastand, klang es wie ein Seufzer.

Carson McCullers, *Uhr ohne Zeiger*

Da fühlte ich sie leise in meiner zittern.

Marie von Ebner-Eschenbach, *Ein kleiner Roman*

Francesca saß schweigend da, in Gram ver-
sunken; in ihrer Hand preßte sie fest das
Papier zusammen und fragte sich, ob denn die
dünne, muntere Stimme mit ihrem unbarm-
herzigen, gräßlichen Hohn von einem Trost
nie verstummen wollte.   Saki, *Der unsägliche Bassington*

Ich war später sehr froh darüber, daß es zu
diesem Gespräch gekommen war; denn ihre
Miene und ihre Stimme und ihr Händedruck
gaben mir das sichere Gefühl, daß das Leid
stärker gewesen war und als Miss Havishams

Erziehung und ihr Herz hatte begreifen lassen, wie es in meinem Herzen ausgesehen
hatte. Charles Dickens, *Große Erwartungen*

RESTE

Die Drohung wirkte trotzdem immer.

Kenneth Grahame, Der Wind in den Weiden

Wenn er innehielt und Atem schöpfte und dann winzig vor den Felsüberhängen stand, schleuderte Cotta diese Silben manchmal gegen den Stein und antwortete *hier!,* wenn ihn der Widerhall des Schreies erreichte; denn was so gebrochen und so vertraut von den Wänden zurückschlug, war sein eigener Name.

Christoph Ransmayr, Die letzte Welt

Sie stand da, eine Siegerin in dem guten Streite, den sie während der Zeit ihres Lebens gegen die Anfechtungen von seiten ihrer Lehrerinnenvernunft geführt hatte, bucklig, winzig und bebend vor Überzeugung, eine kleine, strafende, begeisterte Prophetin.

Thomas Mann, Buddenbrooks

Gelangweilt wandte sie sich ihrem Hintermann zu.

Maria Beig, Kuckucksnest

Wie die alte Frau Crepaz, begann ich, das Zimmer mit meinen Augen auszumessen.

Alfred Andersch, *Die Rote*

Er gnade meiner Seele und der des edeln Caspar Hauser.«

Jakob Wassermann, *Caspar Hauser oder Die Trägheit des Herzens*

Du, sage ich, es ist soweit, wir müssen wieder verreisen.

Wilhelm Genazino, *Der Fleck, die Jacke, die Zimmer, der Schmerz*

Er knirschte:
»Recht so –« und hob sie herein.

René Schickele, *Symphonie für Jazz*

»Wohl noch schwerer als wir beide.«

Vladimir Tendrjakov, *Die Abrechnung*

Den beiden Weibern war nur einjähriges Gefängnis, dann ewige Landesverweisung zuerkannt. – Ignaz Ferdinand Arnold,
Der schwarze Jonas, Kapuziner, Räuber und Mordbrenner

Was nicht genießbar den Menschen, ihnen aber gefährlich sei. Achim von Arnim, *Die Kronenwächter*

Sir Jesse warf ihr einen Blick zu, lüftete den Hut und ging weiter.

Ivy Compton-Burnett, *Eltern und Kinder*

Er küßte den [Marmorstein], wo Stenio schlief; dann nahm er seinen weißen Stock und machte sich auf den Weg. George Sand, *Lélia*

Sie übersiedelten nach Mansfield, und das alte Pfarrhaus, das Fanny unter seinen beiden früheren Eigentümern niemals ohne ein peinliches Gefühl von Schüchternheit oder Ängstlichkeit hatte betreten können, war ihrem Herzen bald so teuer und erschien ihr so vollkommen, wie alles andere, was in Blickweite und unter dem Schutz von Mansfield Park lag. Jane Austen, *Mansfield Park*

»Es genügt ihn [den Brief] geschrieben zu haben, für Sie genügt es und für mich.«

Hans Erich Nossack, *Die gestohlene Melodie*

»Auch ich werde nicht mehr erleben, daß man mein Fort wieder aufbaut.« Fernán Caballero, *Die Möve*

»Auf meine Quittung«, sagte Lucas.

William Faulkner, *Griff in den Staub*

Sie nahm es sehr befriedigt auf.

Ford Madox Ford, *Die allertraurigste Geschichte*

Das Messer sauste nieder, verfehlte ihn um
Zentimeter, und er rannte los. Joseph Heller, *Catch 22*

Geben Sie mir jedoch freundlichst Zugang zu
Schreibstift und Papier.

Walter Höllerer, *Die Elephantenuhr*

Der Amerikaner lebt heute noch, und ihn
kennt alle Welt. Alfred Kubin, *Die andere Seite*

Fest umschlungen, Arm in Arm marschierten
die Babbit-Männer zusammen ins Wohnzim-
mer und stellten sich ruhig dem Ansturm der
Familie entgegen. Sinclair Lewis, *Babbit*

Die Luft war trübe, hier und da querten
Baumwurzeln den Weg, schwarze Tannen-
nadeln streiften dann und wann seine Schulter, der dunkle Pfad verlief sich zwischen den
Baumstämmen in malerischen, geheimnisvol-
len Windungen. Vladimir Nabokov, *Die Mutprobe*

»Er hat seine Brille nicht abgenommen.«

Charles-Louis Philippe, *Vater Perdrix*

Das stellt sie ruhig, ohne einen Anflug von Angst in der Stimme, fest, so, als müsse sie doch noch einmal ihre Angelegenheiten ordnen.

Peter Härtling, *Herzwand*

Eilig kamen zwei Menschen und schafften ihn auf einem Schiebkarren ins Krankenhaus.

Richard Huelsenbeck, *Dr Billig am Ende*

»Die liebe Maud«, entgegnete Henry, und es war klar, daß er damit das Thema zu einem befriedigenden Abschluß gebracht haben wollte.

Ivy Compton-Burnett, *Ein Gott und seine Gaben*

Der Wagen hielt in Grosvenor Square.

Vita Sackville-West, *Schloß Chevron*

Ich hab's ja schon mal durchgemacht.
Mit besten Grüßen Euer Huck Finn.

Mark Twain, *Huckleberry Finns Abenteuer*

Lange Tage verflossen, Wochen, dann Monate, und das »Später« kam nie.

Felix Vallotton, *Corbehaut*

Hierauf bekreuzigen sie sich eilends, raffen ihre Röcke und wackeln dann mit ihren Körben zur Porta Angelica hinaus.

Halldor Laxness, *Der große Weber von Kaschmir*

Eine besondere Tragik liegt darin, daß Gerber, der zweifellos aus Furcht vor dem »Durchfall« in den Tod ging, von der Prüfungskommission für *reif* erklärt worden war.

Friedrich Torberg, *Der Schüler Gerber*

Sie ist in diesem Jahr schon Zeugin eines tödlichen Unfalls geworden.

Bruce Chatwin, *Auf dem schwarzen Berg*

Er hatte Besitz ergriffen von dieser Erde, ihrer Erde; er war einer von ihnen.

Nadine Gordimer, *Der Besitzer*

Es besteht wirklich kein Grund zur Eile – schließlich haben Sie, genau wie Stafford, schon in der Nobel-Vorlesung über ihren Versuch berichtet.

Carl Djerassi, *Cantors Dilemma*

Brunelda nickte Delamarche befriedigt zu und reichte Karl zum Lohn eine Handvoll Keks.

Franz Kafka, *Der Verschollene*

ENDE

Das Ende war kein Anfang.

Hermann Kinder, *Vom Schweinemut der Zeit*

»Det nimmt doch nie 'n Ende.«

Anthony Burgess, *Der Doktor ist defekt*

Das war, was da war, meinte Jäcki.

Hubert Fichte, *Hotel Garni*

»Darum fand ich alle Filme schön, die so zu
Ende gehen, mit einem Kuß, einem langen,
unendlichen Kuß, während der Vorhang fällt,
ganz leis und langsam . . .«

Silvio Toddi, *Einmal Venedig und zurück*

»Wir haben's uns bis ganz ans Ende angese-
hen, und es gibt so viel Heu wie noch nie.«

E. M. Forster, *Wiedersehen in Howards End*

Und am Ende, Tobias Bachhuber, bist du
doch nach vielen Bedenken aus alter Barmherzigkeit unter die Seligen aufgenommen, aber
allerdings mit einem Fragezeichen: Du trägst

am Rücken deiner himmlischen Kutte als
Nota für ewige Zeiten ein höllisches Schwänz-
chen – wegen der verlorenen Handschrift des
Tacitus.   Gustav Freytag, *Die verlorene Handschrift*

Seine Stimme – Mutter wird es mir sehr viel
später erzählen – sagt auch den Satz, daß es bei
so jungen Menschen für gewöhnlich ganz
rasch zu Ende gehe.   Eva Zeller, *Solange ich denken kann*

Alles, alles ist zu Ende.

                         Hans Fallada, *Kleiner Mann – was nun?*

Das könnte den Vorwurf einer neuen Erzählung abgeben – diese aber ist hier zu Ende.

                        Fedor M. Dostojevskij, *Schuld und Sühne*

Eine große Idee war aufgekeimt, hatte Blüten
getrieben, war gestorben, die Sonne über den
beschnittenen Alpen, und die helvetischen
Drosseln öffnen die Kehle und warten auf ein
weiteres Ende.   Anthony Burgess, *Das Reich der Verderbnis*

Kommt, Kinder, laßt uns die Puppen einsper-
ren und die Bude zuschließen, denn unser
Spiel ist nun aus.

            William Makepeace Thackeray, *Jahrmarkt der Eitelkeit*

Die übrigen Stämme gingen an den bestimmten Sonntagen gemachter Ordnung nach, aufs
andächtigste zum heil. Abendmahle, nach diesen wurde das eingetretene heil. Christfest
erfreulich gefeiert und solchergestalt erreichte
damals das 1725te Jahr, zu aller Einwohner
herzlichen Vergnügen, vor jetzo aber bei uns
der erste Teil der felsenburgl. Geschichts-
schreibung sein abgemessenes
Ende.

Johann Gottfied Schnabel, Die Insel Felsenburg

»Amen«, sagte Pater Hillier. Anthony Burgess, Tremor

NACHBEMERKUNG

Die meisten Romane enden mit dem letzten Satz. Die anderen müssen sich nachher noch schneuzen: mit (üblen) Nachreden, Anhängen, Epilogen, einem »Auszug aus dem Brief, der diesem Manuskript beigelegt war« oder dem so erfrischend unverhofften Wörtchen ENDE. In dieser Sammlung finden sich nur »echte« letzte Sätze, und die kommen vorher.

Bei Übersetzungen verhält sich der Herausgeber coram populo notgedrungen wie Pontius Pilatus (Mt. 27, 24). Wer aus Neugier oder Mißtrauen Originale zur Hand nimmt, kann gelegentlich sein schwarzweißes Wunder erleben.

Die einzelnen Abteilungen dieser Romanthologie sind unseriöse Einfälle, die sich bei der Durchsicht eines von Herzen unsystematischen, willkürlichen und unausgewogenen Sammelsuriums von letzten Sätzen (Es ist identisch mit dem der *Roman-Anfänge*.) aufgedrängt haben. Sie waren nicht das Netz, mit dem der Herausgeber im trüben der Bibliotheken fischen gegangen ist.

Auf dem Romananfang ruht nur das Gewicht des Titels, des Autors und des Verlags. So ist meist für eine unbeschwerte erste Begegnung gesorgt. Aus dem Ende aber pressen Stunden, Tage oder Wochen des Lesens und Miterlebens den erhofften Sinn wie das tapfere Schneiderlein den Saft aus dem Käs. Da kann ein beiläufiges Sätzchen wie eine Fontäne spritzen, wenn der Erwartungsdruck hoch genug war. Daß er dieser Sammlung letzter Sätze nicht beigepackt werden kann, ist ihr Handikap.

Vorbeugend und unverblümt sei noch eingestanden, daß vorletzte Sätze (zum Beispiel »Und heute ... hören Sie, ich habe eine erfreuliche Nachricht für Sie – heute, Kawalerow, ist die Reihe an Ihnen, bei Anetschka zu schlafen.«) durchaus spektakulärer als entsprechende letzte (»Hurra!«) sein können, wie hier in Jurij Oleschas *Neid*. Doch auch fünfunddreißigste Sätze besitzen nicht selten ungeahnte Reize. Man denke nur an die hauchzart schwebende Ironie dieses Musters aus Heinrich Manns *Der Untertan:* »Kein Wunder, da sie Romane las!« Und wer weiß, welche Funde eine systematisch primzahlorientierte Auswahl zubuche fördern würde? (Vielleicht können wir eines Tages den Logorhythmus eines Romans so verläßlich ermitteln wie den Intelligenzquotienten seines Verfassers.) Noch zagen wir zaudernd an der Schwelle zur numerischen Anthologisierung der Weltliteratur ... Aber ein erster Anfang und ein schließliches Ende sind gemacht. Verheißungsvoll glimmt der Funke, mögen andere nun das Feuer fundierter Erkenntnis entfachen!

Meinem Vater, Julius Beck, danke ich für unermündliche Hilfe. (Claus Melchior hat diesmal fast gar nichts beigetragen. Von Dagmar Priebe läßt sich das nicht behaupten.)

Augsburg, an einem »heiteren Juniusnachmittag«,   *Harald Beck*

Abbott, Edwin A. 101
Abish, Walter 112
Achternbusch, Herbert 96
Adams, Henry 25f.
Aitmatow, Tschingis 102
Alain-Fournier, Henri 79
Alexis, Jacques Stephen 31
Amado, Jorge 64, 128
Ambler, Eric 72
Andersch, Alfred 92, 109, 132
Aragon, Louis 21, 56
Aristoteles 5
Arnim, Achim von 132
Arnold, Ignaz Ferdinand 132
Atwood, Margaret 64
Austen, Jane 51, 54f. 133

Bacchelli, Riccardo 75
Ball, Hugo 30
Balzac, Honoré de 70
Barnes, Djuna 121
Barnes, Julian 62, 83, 96, 98, 100
Baroja, Pío 28
Barrie, J. M. 53
Bassani, Giorgio 14
Baxt, George 20
Beckett, Samuel 31, 84, 86, 117f., 122f.
Behan, Brendan 110

Beig, Maria 131
Bellow, Saul 58, 75
Belyi, Andrej 46
Benn, Gottfried 73f.
Bernhard, Thomas 19, 29
Bienek, Horst 66
Bonsels, Waldemar 120
Borrow, George 83
Boyle, T. Coraghessan 30
Brachvogel, A. E. 106
Bradbury, Ray 79, 108
Brecht, Berthold, 39, 98
Brentano, Clemens 124
Broch, Hermann 75ff., 116
Brod, Max 5
Brontë, Anne 58
Brown, Charles Brockden 60
Bulgakov, Michail 102
Bunin, Ivan 48
Burgess, Anthony 5, 71, 83, 137, 138, 139
Burnett, Francis Hodgson 60
Burroughs, Edgar Rice 23
Butler, Samuel 127
Buzzati, Dino 63

Cain, James M. 120
Calvino, Italo 15
Camus, Albert 29
Capote, Truman 29
Carroll, Lewis 25
Castillo, Michel del 24
Cela, Camilo José 28

Céline, Louis-Ferdinand 22
Cendrars, Blaise 68
Cervantes Saavedra, Miguel de 13
Charles-Roux, Edmonde 34
Chatwin, Bruce 136
Chesterton, Gilbert Keith 95
Churchill, Winston 5
Colette 56, 82
Collins, Wilkie 12
Compton-Burnett, Ivy 133, 135
Conrad, Joseph 122, 129
Cooper, James Fenimore 71
Coster, Charles de 58
Courths-Mahler, Hedwig 52
Cronin, Archibald J. 54

Dahn, Felix 36
D'Annunzio, Gabriele 88
Darien, Georges 67
Daudet, Alphonse 115
Defoe, Daniel 40, 116
Dickens, Charles 21, 48, 78, 85, 119f., 129f.
Diderot, Denis 82
Djerassi, Carl 136
Doderer, Heimito von 66, 83
Döblin, Alfred 35
Dostoevskij, Fedor M. 65, 113, 137
Doyle, Arthur Conan 126
Dreiser, Theodore 69
Dürrenmatt, Friedrich 39
Dumas, Alexandre 16, 119

Dumas, Alexandre (Sohn) 12
Durrell, Lawrence 109

Eberlein, Norbert 95
Ebner-Eschenbach, Marie v. 129
Eco, Umberto 31
Ehrenburg, Ilja 49
Ehrenstein, Albert 18
Eichendorff, Joseph von 18
Eliot, George 66

Faist, Frieder 57, 71, 96
Fallada, Hans 14, 38, 43, 137
Faulkner, William 133
Fernán Caballero 133
Feuchtwanger, Lion 112
Fichte, Hubert 137
Fitzgerald, F. Scott 26f. 103
Flaubert, Gustave 58, 68, 96
Fleming, Ian 59
Fontane, Theodor 121, 126
Ford, Madox Ford 134
Forester, C. S. 57
Forster, E. M. 137
Fouqué, Friedr. de la Motte 104
Frenssen, Gustav 71
Freytag, Gustav 54, 137f.
Frisch, Max 18, 29, 42
Fuentes, Carlos 46, 108

Ganghofer, Ludwig 73
García Márquez, Gabriel 120

Garufi, Bianca → Pavese 88

Gaskell, Elizabeth 49

Genazino, Wilhelm 132

Gerhardie, William 64

Gernhardt, Robert 19

Gide, André 96

Giono, Jean 29

Giraudoux, Jean 71

Goethe, Johann Wolfgang von 30, 39, 54

Golding, William 21, 59, 92, 124, 128

Goldsmith, Oliver 55

Gombrowicz, Witold 59, 72

Goncourt, E. und J. de 44

Gordimer, Nadine 136

Gotthelf, Jeremias 11, 47

Graf, Oskar Maria 22, 102

Grahame, Kenneth 131

Grass, Günter 28, 69

Green, Julien 58, 100

Grimmelshausen, Hans Jakob Christoffel von 93, 98f.

Gütersloh, Albert Paris 64, 128

Haefs, Gisbert 65, 66, 73, 92

Hamsun, Knut 78, 109

Härtling, Peter 135

Hardy, Thomas 39, 128

Harris, Robert 62

Hartlaub, Geno 44

Hašek, Jaroslav 57

Hauff, Wilhelm 79f.

Hawthorne, Nathaniel 17

Heinse, Wilhelm 31, 63, 72

Heißenbüttel, Helmut 121
Heller, Joseph 128, 134
Henscheid, Eckhard 12, 19, 58, 112
Hermann-Neiße, Max 108
Hermanns, Hen 31
Hesse, Hermann 96
Higgins, Aidan 68
Hildesheimer, Wolfgang 26, 81f.
Hille, Peter 31, 69
Höllerer, Walter 134
Holbein, Ulrich 6
Holtei, Karl von 19, 83
Horstmann, Ulrich 62
Horváth, Ödön von 120
Household, Geoffrey 116
Huch, Ricarda 103
Huelsenbeck, Richard 135
Hugo, Victor 49, 100
Huxley, Aldous 69, 115
Huysmans, Joris-Karl 67

Ilf, Ilja → Petrow
Isherwood, Christopher 21, 65

Jacob, Heinrich Eduard 29, 69
Jacobsen, Jens Peter 46
James, Henry 59, 70
Jean Paul 65
Jerofejew, Viktor 13
Johnson, Uwe 33, 65
Joyce, James 6, 20, 28, 68
Jung-Stilling, Johann Heinrich 68

Kafka, Franz 24, 120, 136
Kästner, Erich 59
Kasack, Hermann 108
Keller, Gottfried 105
Kesten, Hermann 79
Kincaid, Jamaica 102
Kinder, Hermann 69, 116, 137
Kipling, Rudyard 37
Klabund (= Alfred Henschke) 11, 70, 106
Kleist, Heinrich von 96
Klinger, Friedrich Maximilian 12, 38
Kneifel, Hanns 88
Knigge, Adolph Freiherr von 11
Kolbenheyer, E. G. 100
Kracauer, Siegfried 33
Kubin, Alfred 134

Lawrence, D. H. 13
Laxness, Halldór 135
Lee, Harper 79
Lens, Conny 29
Lenz, Siegfried 73
Lesage, Alain-René 50
Lessing, Doris 22
Lewald, August 50
Lewis, Sinclair 134
Lewis, Wyndham 33
Lindgren, Astrid 95
Lispector, Clarice 49
Lodge, David 29
London, Jack 49
Ludwig, Otto 71

McCarthy, Mary 110
McCullers, Carson 83, 122, 129
McEwan, Ian 65
Mackay, John Henry 104
Mackenzie, Compton 24
Malamud, Bernard 56
Malaparte, Curzio 35, 56
Mann, Heinrich 23, 30
Mann, Klaus 73
Mann, Thomas 15, 30, 112, 131
Marlitt, Eugenie 12, 16, 125
Marshall, Bruce 97
Maugham, Somerset 27
Mauriac, François 37, 97
Maurier, Daphne du 105
May, Karl 61, 116
Mehring, Walter 67
Melville, Herman 88
Mensching, Gerhard 68, 82, 98
Miller, Henry 121
Milligan, Spike 66
Mitchell, Margaret 71
Mörike, Eduard 47
Monnier, Thyde 13
Moravia, Alberto 43, 52
Morselli, Guido 30
Murdoch, Iris 14
Muschg, Adolf 29, 43
Musil, Robert 62
Mynona
(= Salomo Friedlaender) 70

Nabokov, Vladimir 15, 23, 24, 126, 134
Nossack, Hans Erich 126, 133
Novalis 114

O'Brien, Edna 52
O'Brien, Flann 6, 13, 52, 102
O'Flaherty, Liam 73
Olescha, Jurij 29
Orwell, George 49, 52, 78

Pasternak, Boris 26
Pavese, Cesare 61, 88, 121, 126
Pennac, Daniel 6
Penzoldt, Ernst 24f., 33
Perez, Georges 86
Pereira, Manuel 18
Perutz, Leo 95
Pessoa, Fernando 6, 103
Petrow, Jewgenij 56
Philippe, Charles-Louis 134
Pierce, David M. 124
Pirandello, Luigi 28, 46, 67
Plath, Silvia 104
Plenzdorf, Ulrich 64
Pleschinski, Hans 67, 109f.
Potocki, Jan Graf 61
Powys, John Cowper 61
Proust, Marcel 119
Pynchon, Thomas 29

Queneau, Raymond 15, 51, 70

Raabe, Wilhelm 16, 34, 67
Rabelais, François 92

Radiguet, Raymond 66
Ransmayr, Christoph 131
Reiners, Ludwig 6
Remarque, Erich Maria 47
Renard, Jules 7
Reuter, Fritz 32
Ringelnatz, Joachim 36
Robbe-Grillet, Alain 30, 78, 116
Roda Roda, Alexander 15
Roth, Joseph 54, 84, 86
Roth, Philip 28

Sackville-West, Vita 135
Saki (= Hector Hugh Munro) 129
Salinger, Jerome D. 72
Sand, George 133
Saroyan, William 37
Sarraute, Nathalie 16
Sartre, Jean Paul 86
Scheerbart, Paul 41, 49
Schickele, René 132
Schlegel, Friedrich 41
Schmidt, Arno 61, 68, 122
Schnabel, Johann Gottfried 139
Schnurre, Wolfdietrich 37
Schulz, Bruno 121
Schulz, Frank 126
Scliar, Moacyr 117f.
Scott, Walter 107
Sealsfield, Charles 108
Segal, Erich 33
Seidel, Ina 62

Selby, Hubert 89ff.
Shaw, George Bernard 57
Sillitoe, Alan 96
Simenon, Georges 57
Sinclair, Upton 17
Sommer, Siegfried 31
Sorokin, Vladimir 83, 113
Spark, Muriel 94
Spoerl, Heinrich 40, 70
Spyri, Johanna 84
Steig, William 126
Stein, Gertrude 28
Steinbeck, John 38
Stendhal (= Henri Beyle) 11, 46, 98
Sterne, Laurence 58
Sternheim, Carl 100
Stevenson, Robert Louis 45
Stifter, Adalbert 115
Stowe, Harriet Beecher 18
Sudermann, Hermann 16
Sue, Eugène 108
Süskind, Patrick 49
Suhrkamp, Peter 22
Svevo, Italo 33

Tendrjakov, Vladimir 132
Thackeray, William Makepeace 17, 60, 137
Theroux, Paul 95
Thomas, Dylan 37
Tieck, Ludwig 13, 107
Tillier, Claude 24
Toddi, Silvio 137

Tolkien, J. R. R. 28
Tolstoj, Lev 43, 115
Torberg, Friedrich 136
Traven, B. 13, 61
Trifonov, Jurij 69
Turgenev, Ivan 42
Twain, Mark 57, 135

Ungar, Hermann 62
Ustinov, Peter 57

Vallotton, Felix 136
Vancura, Vladislav 46
Verne, Jules 97
Vonnegut, Kurt 7, 55
Vulpius, Christian August 68

Walser, Martin 111
Walser, Robert 13
Walter (Pseudonym) 87
Walter, Otto F. 79
Wambaugh, Joseph 56
Wassermann, Jakob 70, 132
Waugh, Evelyn 120, 127
Weiss, Peter 41
Weiß, Ernst 36, 122
Wells, H. G. 69, 82
Werfel, Franz 59, 110
Wezel, Johann Karl 31, 35, 55
Wieland, Christoph Martin 72
Wilde, Oscar 16
Wilder, Thornton 48

Witkiewicz, Stanisław Ignacy 64
Wodehouse, P. G. 29
Wolfe, Thomas 88f., 103
Wolfgruber, Gernot 50
Wollschläger, Hans 30
Woolf, Virginia 14, 91, 100
Wyss, Johann David 112f.

Zech, Paul 79
Zeller, Eva 138
Zesen, Philipp von 18
Ziolkowski, Theodore 7
Zweig, Stefan 28

HAFFMANS'
ENTERTAINER

Die spannende, amüsante, wohlfeile, heiße Reihe
mit Krimis, Komik, Kino, Abenteuer, SF, Erotik und
jeder Art von Unterhaltung.
Der neue Buchtyp der neunziger Jahre:
jeder Band elegant gebunden, mit Schutzumschlag,
deutlich besser als ein Taschenbuch,
drastisch billiger als gebundene Bücher sonst.

THOMAS ADCOCK
Hell's Kitchen
Ein Neil-»Hock«-Hockaday-Krimi

JULIAN BARNES
Flauberts Papagei
Roman einer Leidenschaft
Vor meiner Zeit
Roman einer Eifersucht

GEORGE BAXT
Mordfall für Alfred Hitchcock
Kriminalroman
Mordfall für Tallulah Bankhead
Kriminalroman

W. ARNOLD BREUER
Interview mit einer Toten
Roman einer Ermittlung

EDMUND CRISPIN
Der wandernde Spielzeugladen
Kriminalroman

PHILIP K. DICK
Autofab
Sämtliche SF-Geschichten in Einzelbänden, Band 7
Blade Runner
SF-Roman. Erweiterte Neuausgabe

AARON ELKINS
Fluch!
Ein Gideon-Oliver-Krimi

KINKY FRIEDMAN
Lone Star
Ein Kinky-Krimi
Wenn die Katze weg ist ...
Ein Kinky-Krimi

MAX GOLDT
Quitten für die Menschen
zwischen Emden und Zittau
Aus Onkel Max' Kulturtagebuch
Die Radiotrinkerin
Ausgesuchte schöne Texte. Vorwort von Robert Gernhardt

ECKHARD HENSCHEID
Über die Wibblinger
Geschichten und Bagatellen

HEN HERMANNS
Maximum Trouble
Ein Max-Reinartz-Krimi

DAN KAVANAGH
Schieber-City
Ein Duffy-Krimi

MONTY PYTHON
Der Sinn des Lebens
Vollständiges Drehbuch mit zusätzlichen Szenen

EUGEN NETER
Paarungen für eine Hand
Scharfe, spritzige Geschichten

ELLIOT PAUL
Mickey Finn
Ein Homer-Evans-Krimi